音声DL版

聴ける！読める！書ける！話せる！

フランス語
初歩の初歩

▶発音レッスン ▶基本文型 ▶おさらい問題

塚越敦子 著

高橋書店

JN015634

はじめに

　近年フランスでは、「日本」がトレンドとなっています。1980年代にテレビで放映された日本のアニメがきっかけです。そこから端を発して、空前の「マンガ」（漫画のフランス語訳）ブームが訪れました。毎年7月には、パリで「ジャパン・エキスポ」が開催され、そこには、大の日本好きフランス人たちが大集合します。いまや「日本」は、フランスの若者の憧れの国なのです。中学校の第2外国語の一番人気は日本語です。また、大学でも日本文学や日本語の専攻を希望する学生の数はうなぎ登り。そして、日本語を勉強するために、アニメや漫画を学ぶために、たくさんのフランス人が来日しています！

　また、フランス旅行で、「フランス人に冷たくされて面白くなかった」などと聞いたことがあります。しかし、ひと言でもフランス語であいさつしようとかお礼を言おうとか努力すれば、あっという間にフランス人は打ち解けてくれます。フランス人は、母国語をとても大事にし、同時に、騎士道に由来する礼儀作法を重んじています。ですから、少しでもフランス語で話そうとすれば、話が通じるまでニコニコしながら根気強く相手をしてくれます。

　このように日本でもフランスでも、フランス語を実践する機会はあります！　さあ、実際に使えるように勉強を始めてみませんか？

　本書では、まず、むずかしいとされている発音を、より正確な音に近くなるようにわかりやすく解説しています。用例の単語も、日本語として馴染みのあるフランス語を選び、親しみを感じていただけるようにしています。また、すぐに使えるあいさつや基本フレーズはもちろん、会話文の解説だけではなく、入門書とはいえ文法解説も盛り込んでいます。本書をとおして、「発音してみよう！」「意外とかんたんっ！」と、フランス語を楽しく感じていただけたら幸いです。そして、フランスに対する関心もより深くなっていただけたら、著者としてはこのうえない喜びです。

　最後に、本書の執筆にあたってご協力くださった方々に、この場を借りて心より感謝申し上げます。

著　者

本書の使い方

　本書は、初歩的かつ日常的に使えるフランス語会話を例に挙げて、フランス語を学んでいく入門書です。「文法」は基本的なものだけに絞り、また、むずかしいと思われがちな「発音」も音声ダウンロードでネイティブのフランス語を聴きながら正しい音が学習できます。

※カタカナの発音ルビはあくまで参考です。音声を聴いて正しい発音を身につけましょう。
※音声はダウンロードをして聴くことができます。手順はカバー折返し部分をご参照ください。

Partie 1　基本ルールと発音
まずは、フランス語の特徴やルール、発音について学習します。

Partie 2　あいさつと超基本フレーズ
会話の第一歩である「あいさつ」や「受け答え」、すぐに使えるフレーズを紹介します。

Partie 3　マスターしたい！超基本表現
主に自分のことを話す日常会話をもとに、フランス語の基本的な文法や動詞の活用を学んでいきます。数課ごとに復習のための「おさらい問題」を設けています。

◆メインページ

基本文型
日本語とフランス語が対比できる構成になっています。

音声のトラック番号
番号に応じて、学習したい課だけを聴くことができます。

文法解説
その課で学習する文法を、例文や図表を用いて解説します。

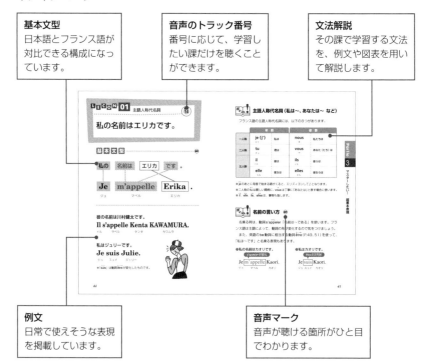

例文
日常で使えそうな表現を掲載しています。

音声マーク
音声が聴ける箇所がひと目でわかります。

◆おさらい問題

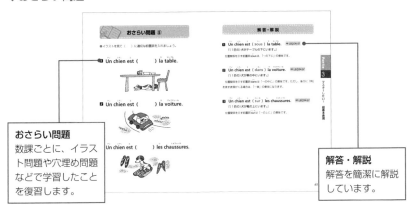

おさらい問題
数課ごとに、イラスト問題や穴埋め問題などで学習したことを復習します。

解答・解説
解答を簡潔に解説しています。

◆知っておきたい！ 基本の表現＆フレーズ集

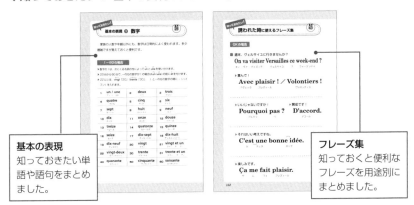

基本の表現
知っておきたい単語や語句をまとめました。

フレーズ集
知っておくと便利なフレーズを用途別にまとめました。

Partie 4　使ってみたい！ 基本表現①／Partie 5　使ってみたい！ 基本表現②

主に相手に話しかける日常会話をもとに、動詞の活用、冠詞、提示表現、疑問詞などを学習します。Partie 3と同様の構成となっています。

付録　動詞活用表／単語便利帳

動詞活用表には、本文に出てきた動詞はもちろん、日常で使える動詞も加えて、計22個の動詞の活用（現在形）を掲載しています。

単語便利帳には、本文に出てきた単語や語句の中からよく使うものをまとめました。品詞が表示されているので、名詞の性もわかりやすくなっています。

Partie **5**	使ってみたい！　基本表現②	音声▶ **Track 40~50**

付　録

編集協力　（株）エディポック

本文デザイン・DTP　（株）エディポック

本文イラスト　福々ちえ

ナレーション　フランス語　Yann Moreau（モロー・ヤン）

　　　　　　　　　　　　　Corinne Vallienne（ヴァリエンヌ・コリーヌ）

　　　　　　　　日　本　語　水月優希

録音　（財）英語教育協議会（ELEC）

Partie 1

基本ルールと発音

フランス語の文法には、独特のルールがあります。ここでは、まず、名詞の性や冠詞の基本ルール、そしてアルファベ（フランス語のアルファベット）と発音についてじっくり学んでいきます。

発見！ フランス語の秘密

●●● フランス語は「ムズカシイ！」？

「フランス語は発音がムズカシくて！」と、言われることがあります。たしかに、beaujolais nouveauをどうやって「ボジョレ・ヌヴォー」と読むのかなんて、見当もつかないですよね。でも、じつはフランス語はつづりを見ればその発音がわかるようになっています。eauはオ、aiはエ、ouはウ。つづりが同じなら発音も同じです。つづりと発音の関係はかなり規則的です。また、英語のように読むよりも、ローマ字読みのほうがはるかにフランス語の音に近いと言えます。こうした発音のコツと、リエゾンなどのルールさえはじめにおさえてしまえば、知らない単語でも本当にすらすら読めるようになります。

音楽のように流れる、美しいフランス語の音を楽しみましょう。

●●● フランス語はフランスだけのもの？

いえいえ、そんなことはありません。ベルギー、スイス、モナコ、カナダ、タヒチ、ニューカレドニアやアフリカ諸国など、フランス語圏と呼ばれる国は、約50か国に及ぶと言われています。オリンピックでも英語と同じように使用されています。フランス語は、国連における6つの公用語のひとつでもあり、世界における国際語として大きな役割を担っている言語なのです。

●●● ズボン、メートル、コンクール… あれもこれもフランス語！

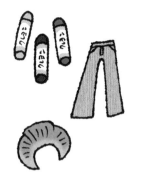

じつは、日常的な日本語のなかにもフランス語はたくさんあります。料理やお菓子の用語はもちろん、音楽や美術にかかわる用語、カフェのおしゃれなメニューなどなど。フランス語を学ぶにつれて、何げなく使っていたことばがフランス語だったと発見した時、フランス語がグッと身近に感じられるはずです。

●●● フランス語の男と女って？

フランス語の名詞には、「性」があります。ケーキは男で、車は女…なんて、おかしな感じがしますが、これはフランス語がラテン語から派生した言語であるためです。名詞の性と数に従って、冠詞や形容詞も変化させなければならないのは少々やっかいですが、これもフランス語の大きな特徴のひとつなのです。

●●● 明晰なるもの、フランス語の動詞活用

フランス語の動詞は、主語に合わせた活用形の数が少なくないため、はじめのうちはとまどうかもしれません。でも発音や性・数一致の法則と同じで、その規則性は一貫しています。ですから、基本のルールさえ覚えてしまえば、あとはパズルを解くようにすべてがかんたんにわかるようになります。

『明晰ならざるものはフランス語にあらず』 リヴァロル（18世紀の作家）

では、「初歩の初歩」と一緒に、はじめの一歩を踏み出しましょう！

フランス語には、男性名詞と女性名詞の区別があります。人間や動物など生物はその性のままで、そのほかのものは文法的に区別されています。ほとんどの辞書に 男 女 と表記されているので、ひとつずつ確認して覚えていきましょう。

	男性名詞		女性名詞	
生物	オム **homme**	「男の人」	ファム **femme**	「女の人」
	シアン **chien**	「犬（オス）」	シェンヌ **chienne**	「犬（メス）」
生物以外のもの	リーヴル **livre**	「本」	ルビュ **revue**	「雑誌」
	ヴェロ **vélo**	「自転車」	ヴォワテュール **voiture**	「車」

●eを付けると女性形になる名詞

　男性形の語尾にeを付けると女性形になる名詞があります。この名詞は、ほとんどの辞書に 名 と表記されています。

男性形				女性形	
アミ **ami**	「男友達」	+ e	⇒	アミ **amie**	「女友達」
アヴォカ **avocat**	「男性弁護士」	+ e	⇒	アヴォカットゥ **avocate**	「女性弁護士」

●eを付けると女性形になる形容詞

　名詞の女性形の作り方と同じように、形容詞の男性形の語尾にeを付けると女性形になります（原則）。

男性形				女性形
グラン **grand**	「背が高い」	+ e	⇒	グランドゥ **grande**
コンタン **content**	「満足な」	+ e	⇒	コンタントゥ **contente**

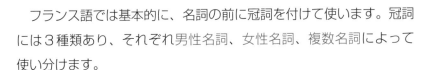

基本ルール　冠　詞

　フランス語では基本的に、名詞の前に冠詞を付けて使います。冠詞には３種類あり、それぞれ男性名詞、女性名詞、複数名詞によって使い分けます。

●不定冠詞

　数えられる名詞や、特定されていない名詞に使います。

▶ **un +単数男性名詞**「１つの〜」

例 **un garçon**「１人の少年」

▶ **une +単数女性名詞**「１つの〜」

例 **une fille**「１人の少女」

▶ **des +複数名詞**「いくつかの〜」

例 **des enfants**「何人かの子供たち」

●定冠詞

　特定されている名詞や、総称として使われているもの、会話ですでに話題にあがっているものに使います。

▶ **le (l') +単数男性名詞**「その〜」

例 **le stylo**「そのペン」

▶ **la (l') +単数女性名詞**「その〜」

例 **la gomme**「その消しゴム」

▶ **les +複数名詞**「それらの〜」

例 **les crayons**「それらの鉛筆」

●部分冠詞

　液体など数えられない名詞や、特定されていない名詞に使います。

▶ **du (de l') +男性名詞**「いくらかの〜」

例 **du jus d'orange**「オレンジジュース」

▶ **de la (de l') +女性名詞**「いくらかの〜」

例 **de la confiture**「ジャム」

フランス語では、アルファベットを「アルファベ」と呼びます。英語と同じ26文字でも、発音が異なるので、まずはこのアルファベに慣れましょう。

母音

A a ア	B b ベ	C c セ	D d デ		
E e ウ	F f エフ	G g ジェ	H h アシュ		
I i イ	J j ジ	K k カ	L l エル	M m エム	N n エヌ
O o オ	P p ペ	Q q キュ	R r エール	S s エス	T t テ
U u ユ	V v ヴェ	W w ドゥブルヴェ	X x イクス		
Y y イグレック	Z z ゼッドゥ				

●次の略称を、音声に続いて発音してみましょう！

TGV
（テジェヴェ）
フランスの新幹線
（Train à Grande Vitesse）
（トラン ア グランドゥ ヴィテス）

SNCF
（エスエヌセエフ）
フランス国有鉄道
（Société Nationale des Chemins de fer Français）
（ソスィエテ ナショナル デ シュマン ドゥ フェール フランセ）

RER
（エールウエール）
首都圏高速鉄道
（Réseau Express Régional）
（レゾー エクスプレス レジォナル）

ONU
（オエヌユ）
国際連合（国連）
（Organisation des Nations Unies）
（オルガニザスィヨン デ ナスィヨン ズュニ）

UE
（ユウ）
ヨーロッパ連合
（Union Européenne）
（ユニオン ユロペエンヌ）

BD
（ベデ）
漫画
（Bande Dessinée）
（バンドゥ デスィネ）

アルファベには、以下のつづり字記号が付く場合があります。アクサン記号は、あくまでつづり字上の記号で、強めて読む箇所を示すアクセントのことではありません。

´	アクサン・テギュー	`	アクサン・グラーヴ
é	例 café「コーヒー」 カフェ	à,è,ù	例 frère「兄(弟)」 フレール
^	アクサン・スィルコンフレックス	¨	トレマ
â,ê,î,ô,û	例 gâteau「ケーキ」 ガト	ë,ï,ü	例 Noël「クリスマス」 ノエル
¸	セディーユ	'	アポストロフ
ç	例 leçon「レッスン・授業」 ルソン	'	例 l'ami「友達」 ラミ
-	トレ・デュニオン		
-	例 arc-en-ciel「虹」 アルカンスィエル		

発音　母音①─単母音

音声 02

　母音字は、a, e, i, o, u, y の6つです。では、まず単母音字から発音してみましょう。

  ア

a â à

≫ 口を大きく開けて「ア」と発音します。

ami「友達」　**âge**「年齢」　**là**「そこ」
　アミ　　　　　アージュ　　　　ラ

    イ

i î ï y

≫ 口を思いきり左右に引っ張りながら「イ」と発音します。

midi「正午」　**île**「島」　**naïf**「素直な」　**style**「スタイル」
　ミディ　　　　イル　　　ナイーフ　　　　　スティル

 オ

o ô

≫ 口の先端をやや突き出しながら「オ」と発音します。

moto「オートバイ」　**tôt**「早く」
　モト　　　　　　　　ト

 ユ

u û

≫ 唇は「ウ」の形で、口の中で「イ」と発音します。

mule「（女性用の）サンダル」　**brûlé**「焦がした」
　ミュ-ル　　　　　　　　　　　ブリュレ

e　**é**　**è**　**ê**　**ë**　エ　

≫ 口の開きをややせばめて「エ」と発音します。

omelette「オムレツ」　**animé**「生き生きとした」
　オムレットゥ　　　　　　アニメ

suède「スエード」　**crêpe**「クレープ」　**Noël**「クリスマス」
　スェードゥ　　　　　クレプ　　　　　　ノエル

e　（語末）

≫ 原則として発音しません。

madame「マダム」　**rouge**「赤い・口紅」
　マダム　　　　　　ルージュ

e　（音節末）ウ

≫ 口をやや大きく開けて軽く「ウ」と発音します。

petit「小さい」　**sommelier**「ソムリエ」
　プティ　　　　　ソムリエ

発音　**母音②—複母音**　音声 03

　母音字が２つ以上続く場合も、単母音のように１つの音として発音します。

ai　**ei**　エ　

≫ 口の開きをややせばめて「エ」と発音します。

maison「家」　**la Seine**「セーヌ川」
　メゾン　　　　ラ　セヌ

au **eau** オ

》口の先端をやや突き出しながら「オ」と発音します。

auto 「自動車」　**beauté** 「美」
オト　　　　　　　ボテ

ou ウ

》口を丸くとがらせながら「ウ」と強く発音します。

boutique 「店」　**amour** 「愛」
ブティック　　　　アムール

eu **œu** ウ

》口の形を丸く大きく開けて、「エ」と発音します。

bleu 「青色の」　**hors-d'œuvre** 「オードヴル」
ブル　　　　　　　オルドゥヴル

oi オワ

》軽く「オ」と発音したあとに「ワ」と加えると、この音が出ます。

foie gras 「フォアグラ」　**croissant** 「クロワッサン」
フォワ　グラ　　　　　　　クロワッサン

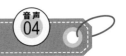
発音 母音③─半母音

　半母音は「イ」「ウ」「ユ」などの母音ともう１つの母音とで音節を作ってしまう母音のことです。後ろに母音がくることで、前の母音が子音のように扱われます。

　ただし、同じ半母音でもill, ail, aill, eil, eillのように例外の形もあります。

i ＋母音字

piano「ピアノ」　**papier**「紙」
ピアノ　　　　　　パピエ

u ＋母音字

huit「8」　**nuit**「夜」
ユィットゥ　　ニュイ

ou ＋母音字

oui「はい（受け答え）」　**ouest**「西」
ウィ　　　　　　　　　　　ウエストゥ

ill　イーユ

fille「娘」　**famille**「家族」
フィーユ　　　ファミーユ
※ville「都市」とmille「1000の」は例外です。
ヴィル　　　　ミル

ail **aill** アィユ

travail 「仕事」　**Versailles** 「ヴェルサイユ」
トラヴァィユ　　　　　ヴェルサィユ

eil **eill** エィユ

soleil 「太陽」　**Marseille** 「マルセイユ」
ソレィユ　　　　　マルセィユ

音声
05

〔発音〕 **鼻母音**

　鼻母音はフランス語の音の特徴のひとつで、母音字のあとに、nかmが続くと鼻母音になります。

an **am** **en** **em** **in** **im**
yn **ym** **ain** **aim** **ein**
un **um** アン

≫ 「アン」とはっきり「ン」の音を出すのではなく、「ア」の口の形のまま鼻に響かせて少しこもったような音を出します。

ensemble 「一緒に」　**gratin** 「グラタン」
アンサンブル　　　　　グラタン

symbole 「シンボル」　**pain** 「パン」　**parfum** 「香水」
サンボル　　　　　　　パン　　　　　パルファン

on om オン

>> 「オン」とはっきり「ン」の音を出すのではなく、「オ」の口の形のまま鼻に響かせて少しこもったような音を出します。

Japon「日本」　**pompe**「ポンプ」
ジャポン　　　　ポンプ

oin オワン

>> 「ォワン」とはっきり「ン」の音を出すのではなく、「ォワ」の口の形のまま鼻に響かせて少しこもったような音を出します。

loin「遠く」　**point**「点」
ロワン　　　　ポワン

発音	子 音

音声 06

フランス語の子音の音は、英語のそれとほとんど同じです。子音の音と母音の音をローマ字のように組み合わせて発音します。

以下にフランス語特有の子音の音を紹介します。

c＋a c＋o c＋u ク

café「コーヒー」　**comme**「～ように」　**cuisine**「料理」
カフェ　　　　　　コム　　　　　　　　キュイズィーヌ

c＋e c＋i c＋y ス

Nice「ニース」　**ciel**「空」　**cycle**「サイクル、周期」
ニース　　　　　スィエル　　　スィクル

ç ス

leçon「レッスン・授業」　**français**「フランスの」
ルソン　　　　　　　　　　フランセ

ch シュ

chou「キャベツ」　**chanson**「歌」　**chaise**「椅子」
シュウ　　　　　　シャンソン　　　　シェ-ズ

g+a **g+o** **g+u** グ

garçon「少年」　**gomme**「消しゴム」　**guide**「ガイド」
ギャルソン　　　　ゴム　　　　　　　　ギッドゥ

g+e **g+i** **g+y** ジュ

voyage「旅行」　**fragile**「もろい」　**gym**「体操」
ヴォワヤージュ　　フラジル　　　　　ジム

gn ニュ

champagne「シャンパン」　**cognac**「コニャック」
シャンパーニュ　　　　　　　コニャック

h 無音

hôtel「ホテル」　**histoire**「歴史」　**héros**「ヒーロー」
オテル　　　　　　イストワール　　　　エロ

※フランス語にはhの音が存在しないので、フランス人は「ハヒフヘホ」がうま
く発音できません。

ph フ

photo 「写真」　**téléphone** 「電話」
フォト　　　　　テレフォヌ

r ル

>> 下の前歯の裏に舌をつけて、口蓋の奥から息と音を同時に出すように
します。のどを鳴らしながら「ハヒフヘホ」と発音すると近い音にな
ります。日本語にはない特殊な音です。

Paris 「パリ」　**noir** 「黒い」
パリ　　　　　ノワール

母音＋s＋母音　ズ

saison 「季節」　**poison** 「毒」
セゾン　　　　　ポワゾン

※母音＋s＋母音の形以外は「ス」の発音になります。　例 **poisson** 「魚」
　　　　　　　　　　　　　　　　　　　　　　　　　　　　ポワソン

th トゥ

thé 「紅茶」　**théâtre** 「劇場」
テ　　　　　　テアトル

語末の子音字

>> 一般的に、語末の子音字は発音しません。

Paris 「パリ」　**long** 「長い」　**chocolat** 「チョコレート」
パリ　　　　　ロン　　　　　ショコラ

concours 「コンクール」　**grand prix** 「グランプリ」
コンクール　　　　　　　グラン　プリ

語末の **c, f, l, r**

》 語末のc, f, l, rは多くの場合、発音されます。

avec「一緒に」　**chef**「料理長」　**animal**「動物」　**mer**「海」
アヴェック　　　　シェフ　　　　　　アニマル　　　　　　メール

英語読みに気をつけよう！

　日本では、外国語教育といえば英語が主流です。そして、外国語をみると知らず知らず英語で対応してしまいがちです。そのため、フランス語を勉強し始めると困ったことが起こります。「発音」です。

　フランス語の発音のルールは本来かんたんなはずなのに、英語に慣れているためついつい英語読みになってしまうのです。たとえば、Parisのことを英語風にパリス、Nice をナイス、agent を
　　　バリ　　　　　　　　　　　　　　　　　　ニース　　　　　　　　　アジャン
エイジェント、Henri をヘンリー、Catherine をキャサリンというように。
　　　　　　アンリ　　　　　　　　カトリーヌ

　英語とフランス語は、語彙が8割も共通しているのでこのようなことが起こりやすいのです。
　　　　　　　　　　　ごい

　フランス語の発音は、つづりによって音が決まっています。基本的には、ローマ字と同じように発音します。そこにフランス語ならではの独特な発音の法則が加わって、音楽のように流れることばが生まれてくるのです。

　その流れをつくる決まりが、リエゾンやアンシェヌマンです。

●リエゾン

　母音で始まる単語があとに続くことによって、通常なら発音されない語末の子音の音が読まれるもので、2語以上の単語を1語のようにつなげて読みます。本書では‿の記号で表します。

子音　母音

les + amis ⇒ **les amis**　「友達」
レ　アミ　　　　レ　ザミ

●アンシェヌマン

　語末の音と次の単語の最初の母音をつなげて発音するもので、リエゾン同様、2語以上の単語を1語のようにつなげて読みます。本書では⌒の記号で表します。

il + est ⇒ **il est**　「彼は〜です」
イル　エ　　　イレ

elle + est ⇒ **elle est**　「彼女は〜です」
エル　エ　　　　エレ

発音 | エリズィヨン

音声 08

エリズィヨンとは、je, le, la, me, te, se, ce, ne, de, queなどの語
末の母音字が、次の単語の語頭の母音と重なるために省略され、2語
が1語になるものです。

je + ai ⇒ j'ai
ジュ　エ　　ジェ

le + ami ⇒ l'ami
ル　アミ　　ラミ

la + école ⇒ l'école
ラ　エコール　　レコール

ce + est ⇒ c'est
ス　エ　　セ

フランス語のアクセントとイントネーション

　フランス語には、英語のような発音上のアクセントはありませ
ん。じつは、フランス人はアクセントなど意識していないのです。
しいて言えば、1語ならその語末の音節、2語以上なら最後の単
語の語末の音節にアクセントを置きます。

　イントネーションもかんたんです。平叙文は、文末を下降調に
読み終えます。疑問文は、平叙文をそのまま上昇調に読み終える
ことで表現することができます。

☕ 夏時間・冬時間〈Changement d'heure〉
シャンジュマン ドゥール

　フランスの首都パリの緯度がどのくらいかご存じですか？　意外や意外、ロシアのサハリンと同じ北緯49度です。南フランスでも札幌と同じくらいの緯度に位置しています。これほど北に位置するため、冬は夜が長く、夏は昼が長くなります。夏はいつまでも暗くならず、夜の10時でも明るくて、なんだか時間の感覚が狂ってしまいそうです。

　こうした夏と冬との大きな日照時間の差は、「夏時間」と「冬時間」というシステムを生み出しました。きっかけは、1970年代に起きたオイル・ショックで、夜のエネルギー消費節約を目的としたものでした。

　毎年3月の最終日曜日の午前2時に時計を1時間進め、午前3時に設定して夏時間の始まり。その年の10月の最終日曜日の午前3時に1時間遅らせて、午前2時に設定して冬時間となります。

　今ではすっかり定着したシステムですが、フランスを訪れた海外の人たちは、自国とフランスとの時差の計算に気をつけなければなりません。ちなみに日本との時差は、夏の間は7時間、冬では8時間です。時間はもちろん日本のほうが先に進んでいます。

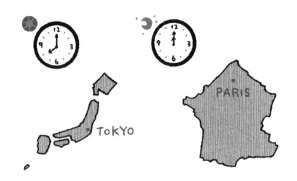

※Pause-café：コーヒーブレイクの意
ポーズ　カフェ

Partie 2
あいさつと 超基本フレーズ

コミュニケーションの基本は、あいさつからです。ここでは、"Bonjour！"（こんにちは！）、"Merci"（ありがとう）などのあいさつからはじめ、その他の便利なフレーズも紹介します。

※本文中の記号で、‿ はリエゾン、‿ はアンシェヌマンを表します（26ページ参照）

音声
09

こんにちは！　元気？

■ こんにちは！（おはよう！）

Bonjour !

ボンジュール

後ろに敬称を入れると丁寧な言い方になります。男性には monsieur（ムッスィユ）、女性には madame（マダム）（若い女性には mademoiselle（マドゥモワゼル））を使います。

■ こんばんは！

Bonsoir !

ボンソワール

別れる時にも使います。

■ やあ！

Salut !

サリュ

友達ことばで、別れる時にも使えます。

〈丁寧な言い方〉

■ お元気ですか？

Comment allez-vous ?
コマン　　　　　　タレヴ-

▶元気です。ありがとう。あなたは？

Je vais très bien. Merci. Et vous ?
ジュ　　ヴェ　　トレ　　ビアン　　メルスィ　　エ　　　ヴ-

〈親しい言い方〉

■ 元気？

Comment ça va ?
コマン　　　　　　サ　　ヴァ

▶元気だよ。ありがとう。君は？

Ça va bien. Merci. Et toi ?
サ　　ヴァ　　ビアン　　メルスィ　　エ　　トワ

> ça vaは、便利な表現で、「大丈夫です
> か？」「OK？」や「大丈夫です。」「OK
> だよ。」と言う場合にも使えます。

■ よろしく。（はじめまして。）

Enchanté(e) .
アンシャンテ

> 初めて会った人に対して使います。
> 女性が言う場合は語尾にeが付き
> ますが、発音は変わりません。

別れのあいさつ

音声
10

さようなら。明日ね。

■ さようなら。

Au revoir.

オ　　　ルヴォワール

再会の意味に由来する別れの
ことばです。二度と会わない
相手には Adieu. を使います。
_{アディュ}

■ さようなら。

Bonsoir.

ボンソワール

夜の時間帯に使います。

■ じゃあね。

Salut.

サリュ

出会いのあいさつ同様、くだ
けた言い方なので、親しい人
に使います。

■ 明日ね。

À demain.

ア　　　　ドゥマン

何日かあとに会う場合は
ア　ビアント
À bientôt.と言います。

■ またあとでね。

À tout à l'heure.

ア　　トゥ　　タ　　　ルール

■ おやすみなさい。

Bonne nuit.

ボンヌ　　　　　ニュイ

■ よい一日を。（明るいうちに別れる時）

Bonne journée.

ボンヌ　　　　　ジュルネ

■ 楽しい夜を。（夜に別れる時）

Bonne soirée.

ボンヌ　　　　　ソワレ

音声

11

ありがとう。 ごめんなさい。

■ ありがとう。

Merci.

メルスィ

後ろにbeaucoup「多く」を付けると、感謝の気持ちがより強く伝わります。

■ けっこうです。（断る時）

Non, merci.

ノン　　　　メルスィ

▶ どういたしまして。

Je vous en prie.

ジュ　　ヴ　　ザン　　プリ

▶ どういたしまして。

De rien.

ドゥ　　リアン

Je vous en prie.よりもくだけた言い方です。

■ ごめんなさい。（ちょっとすみません。）

Pardon.

パルドン

軽く謝る時に使います。また、人に呼びかける場合にも使います。

■ ごめんなさい。（すみません。）

Excusez-moi.

エクスキュゼモワ

謝る気持ちがより強く伝わります。また、人に呼びかけたりする時にも使います。

■ ごめんなさい。

Désolé(e).

デゾレ

女性が言う場合は語尾にeが付きますが、発音は変わりません。

▶ たいしたことはありません。

Ce n'est pas grave.

ス　　ネ　　パ　　グラーヴ

▶ 大丈夫ですよ。

Ce n'est rien.

ス　　ネ　　リアン

音声
12

はい。　いいえ。

■ はい。
Oui.
ウィ

■ いいえ。
Non.
ノン

■ わかりました。（OK。）
D'accord.
ダコール

■ もちろんです！
Bien sûr !
ビアン　　スュール

その他のフレーズ

音声 13

乾杯！　おいしいです。

■ 乾杯！

À votre santé !

ア　　ヴォ - トル　　　サンテ

■ めしあがれ。

Bon appétit.

ボ　　　　ナペティ

▶ おいしいです。

C'est bon.

セ　　　ボン

■ よい旅を。

Bon voyage.

ボン　　　ヴォワヤージュ

●次のフランス語にふさわしい日本語を、線で結びましょう。

1 <ruby>Bonsoir<rt>ボンソワール</rt></ruby> !　　●

●　はじめまして。

2 <ruby>Enchanté<rt>アンシャンテ</rt></ruby>.　　●

●　こんにちは！

3 <ruby>À<rt>ア</rt></ruby> <ruby>demain<rt>ドゥマン</rt></ruby>.　　●

●　こんばんは！

4 <ruby>Bonjour<rt>ボンジュール</rt></ruby> !　　●

●　おやすみなさい。

5 <ruby>Au<rt>オ</rt></ruby> <ruby>revoir<rt>ルヴォワール</rt></ruby>.　　●

●　明日ね。

6 <ruby>Bonne<rt>ボンヌ</rt></ruby> <ruby>nuit<rt>ニュイ</rt></ruby>. ●

●　さようなら。

1 Bonsoir ! 「こんばんは！」
<small>ボンソワール</small>

夜のあいさつ表現です。別れる時に言うと「さようなら」の意味にもなります。

2 Enchanté. 「はじめまして。」
<small>アンシャンテ</small>

女性が言う場合は、語尾に e を付けて Enchantée. となります。発音は同じです。
<small>アンシャンテ</small>

3 À demain. 「明日ね。」
<small>ア ドゥマン</small>

何日かあとに会う人には À bientôt. 「また近いうちにね。」と言います。
<small>ア ビアント</small>

4 Bonjour ! 「こんにちは！」
<small>ボンジュール</small>

よく使われるあいさつ表現です。「おはよう！」の意味でも使います。

5 Au revoir. 「さようなら。」
<small>オ ルヴォワール</small>

別れのあいさつ表現です。二度と会わない場合は Adieu. と言います。
<small>アディユ-</small>

6 Bonne nuit. 「おやすみなさい。」
<small>ボンヌ ニュイ</small>

就寝前のあいさつ表現です。

おさらい問題 ②

●次のフランス語にふさわしい日本語を、線で結びましょう。

1 Désolée.（デゾレ） ● ● わかりました。

2 Merci.（メルスィ） ● ● よい旅を！

3 D'accord.（ダコール） ● ● ごめんなさい。

4 De rien.（ドゥ リアン） ● ● どういたしまして。

5 Bon voyage !（ボン ヴォワヤージュ） ● ● 乾杯！

6 À votre santé !（ア ヴォ-トル サンテ） ● ● ありがとう。

解答・解説

1 Désolée. 「ごめんなさい。」
デゾレ

　男性が言う場合は、語尾のeを除いてDésolé.となります。発音は同じです。
　　　　　　　　　　　　　　　　　　　デゾレ

2 Merci. 「ありがとう。」
メルスィ

　お礼のことばです。前にNon を付けて、Non, merci. にすると「けっこうで
　　　　　　　　　　　ノン　　　　　　ノン　メルスィ
す。」という断りの表現になります。

3 D'accord. 「わかりました。」
ダコール

4 De rien. 「どういたしまして。」
ドゥ　リアン

5 Bon voyage ! 「よい旅を！」
ボン　ヴォワヤージュ

　bonは「よい」「正しい」の意味の形容詞です。
　ボン

6 À votre santé ! 「乾杯！」
ア ヴォ・トル　サンテ

　santéは「健康」の意味です。À votre santé ! を直訳すると「あなたの健康の
　サンテ　　　　　　　　　　ア ヴォ・トル　サンテ
ために！」という意味になります。

☕ 日光浴しましょ！〈Paris Plage〉

夏時間と冬時間については前にお話ししましたが、フランス人、なかでもパリなど北の地方の人たちは、太陽が大好きです。日照時間が短い土地柄、彼らはお日さまを求めてよく出かけます。法で定められたフランス人の年間有給休暇は、なんと5週間。そのほとんどを、彼らは夏のバカンスにあてます。バカンスのために働き、バカンスから戻れば、次のバカンスのために働くといっても過言ではありません。陽光降りそそぐ南フランスなどが人気スポットで、当然ながらこの時期、パリからパリジャンはいなくなります。店や会社など、平気で1か月も休んでしまうところさえあります。それでも、誰も文句は言いません。それが、パリの夏だからです。

一方、バカンスに行けない人たちだっています。そんな人たちは、パリのいたるところにある緑豊かな公園の噴水のまわりで日光浴をしています。観光で訪れたリュクサンブール公園で、ビキニ姿のパリジェンヌに遭遇しても驚かないでくださいね！

2002年の7月末、そんなパリジャンたちを喜ばそうとしてか、パリの真ん中を流れるセーヌ川の河岸に、突如「浜辺」が出現しました。それが『パリ・プラージュ〈Paris Plage〉』です。セーヌ川の右岸沿いの2.5kmを車両通行止めにして砂を敷き詰め、リゾートチェアやパラソル、ヤシの木まで置いたこの本格的な「ビーチ」は、その年400万人あまりの人出で大好評を博しました。その後も『パリ・プラージュ』は、7月から2か月間、太陽を求める人々で毎年にぎわっています。

Partie 3
マスターしたい！
超基本表現

あいさつを覚えたら、今度は自己紹介です。動詞の活用に注意しながら、自分の名前や出身地、年齢などの言い方、相手への質問の仕方を学びましょう。

※本文中の記号で、 ‿ はリエゾン、 ⁀ はアンシェヌマンを表します（26ページ参照）

私の名前はエリカです。

基本文型 ·· 音声

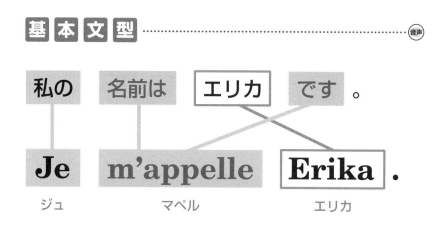

| 私の | 名前は | エリカ | です 。 |

| **Je** | **m'appelle** | **Erika** . |

ジュ　　　　マペル　　　　　エリカ

彼の名前は川村健太です。

Il s'appelle Kenta KAWAMURA.

イル　　　サペル　　　　ケンタ　　　　カワムラ

私はジュリーです。

Je suis Julie.

ジュ　スュイ　　ジュリー

※「suis(スュイ)」は動詞être(エートル)が変化したものです。

主語人称代名詞 （私は〜、あなたは〜 など）

フランス語の主語人称代名詞には、以下の８つがあります。

	単　数		複　数	
一人称	**je (j')** ジュ	私は	**nous** ヌ	私たちは
二人称	**tu** テュ	君は	**vous** ヴ	あなた（たち）は
三人称	**il** イル	彼は	**ils** イル	彼らは
	elle エル	彼女は	**elles** エル	彼女らは

※jeのあとに母音で始まる語がくると、エリズィヨンして j' となります。
※二人称のtuは親しい間柄に、vousは丁寧に「あなたは」と表す場合に使います。
※il, elle, ils, ellesは、事物も指します。

 名前の言い方 音声

　名乗る時は、動詞s'appeler「名前は〜である」を使います。フランス語は主語によって、動詞の形が変化するので気をつけましょう。

　また、英語のbe動詞に相当する動詞être（P.49、51）を使って、「私は〜です」と名乗る表現もあります。

●私の名前はカオリです。

s'appeler が変化

ジュ　　マペル　　　カオリ

●私はカオリです。

être の活用形

ジュ　スュイ　　カオリ

あなたのお名前は何ですか？

基本文型 ⸺⸺⸺⸺⸺⸺⸺⸺⸺⸺ 音声

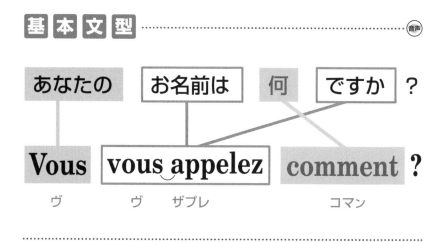

| あなたの | お名前は | 何 | ですか | ？ |

Vous **vous appelez** **comment** ?

ヴ　　　　ヴ　ザプレ　　　　　　コマン

君の名前は何ですか？

Tu t'appelles comment ?

テュ　　　タペル　　　　コマン

彼の名前は何ですか？

Il s'appelle comment ?

イル　　　サペル　　　　コマン

名前のたずね方

　相手の名前をたずねるには、疑問副詞のcomment（コマン）を使います。動詞はLEÇON 01（P.45）で学習したs'appeler（サプレ）を使います。主語によって再帰代名詞（赤字のvous（ヴ））と動詞の形が変化します。よく使う表現なので、フレーズを丸ごと覚えてしまいましょう。

Vous vous appelez comment ?
　　ヴ　　　ヴ　　　ザプレ　　　　　　コマン

 comment（コマン）を使った別の疑問表現

　comment（コマン）は、名前以外の手段や状態、性格などをたずねる時にも使われます。英語のhowに似ていて、基本的には「どのように」の意味になります。

●お元気ですか？

Comment allez-vous ?
　　コマン　　　　タレヴ-

●彼ってどんな人ですか？

Il est comment ?
　イレ　　　　　コマン

私は日本人です。

基本文型 ···································· 音声

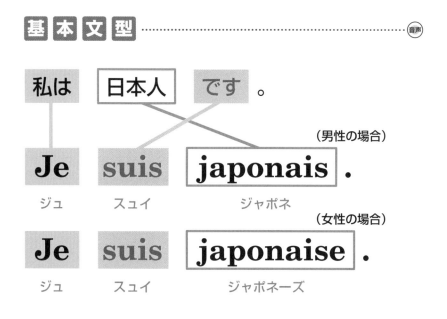

| 私は | 日本人 | です 。 |

（男性の場合）

Je **suis** **japonais** .

ジュ　　スュイ　　　　ジャポネ

（女性の場合）

Je **suis** **japonaise** .

ジュ　　スュイ　　　　ジャポネーズ

私は女子学生です。
Je suis étudiante.

ジュ　スュイ　　エテュディアントゥ

※国籍や職業を言う場合、冠詞は付けません。

動詞 être「〜である」①

動詞 être は「〜である」の意味で、英語の be 動詞にあたります。以下のように、主語によって形が大きく変化します。êtreは、主語と次にくる語をイコールで結ぶので主語の性・数と、次にくる語の性・数が一致していなければいけません。

私は	〜である
je	**suis**
ジュ	スュイ

あなた（たち）は	〜である
vous	**êtes**
ヴ	ゼットゥ

 国籍や職業を表す名詞 🔊音声

国籍や職業を表す名詞には男性形・女性形があります。また、男性名詞の語尾に e を加えると女性形になる名詞が多く存在します。

日本人男性　　　　　　日本人女性

japonais + e ➡ japonaise
　ジャポネ　　　　　　　　　ジャポネーズ

	男性形 👤	女性形 👤
フランス人	**français** フランセ	**française** フランセーズ
学生	**étudiant** エテュディアン	**étudiante** エテュディアントゥ
会社員	**employé** アンプロワィエ	**employée** アンプロワィエ

私は中国人ではありません。

基本**文**型 .... 音声

私は　中国人　ではありません　。

Je ne suis pas chinois .

ジュ　　ヌ　スュイ　パ　　　　シノワ

彼らはフランス人ではありません。

Ils ne sont pas français.

イル　　ヌ　　ソン　　　パ　　　フランセ

あなたは日本人ではないのですか？

Vous n'êtes pas japonais ?

ヴ　　ネトゥ　　　パ　　　ジャポネ

※否定文の形でも、最後に「？」を付けて文末を上げて発音すると疑問文になり
　ます。

否定文の作り方

　否定文は、動詞を ne と pas ではさんで作ります。ただし、ne は次に母音で始まる語がくると、エリズィヨンして n' となるので気をつけましょう。

● ～ではない

ne (n') ＋ 動詞 ＋ pas ＝ 否定文
　ヌ　　　　　　　　　　　　　　パ

 動詞 être 「～である」② 音声

　LEÇON 01（P.45）で、フランス語の主語人称代名詞が８つあることは学習しました。それぞれの主語によって動詞 être の形も変化するので覚えておきましょう。

être （～である）の活用			
je suis ジュ スュイ	私は～である	**nous sommes** ヌ　　ソム	私たちは～である
tu es テュ エ	君は～である	**vous êtes** ヴ　ゼットゥ	あなた（たち）は ～である
il est イレ	彼は～である	**ils sont** イル　ソン	彼らは～である
elle est エレ	彼女は～である	**elles sont** エル　ソン	彼女らは～である

おさらい問題 ③

●日本語を参考にして（　　）の語を正しい順に並べかえましょう。
文頭は大文字に直しましょう。

1 私の名前は田中優子です。

（ m'appelle ／ Yuko ／ TANAKA ／ je ）.

2 君の名前は何ですか？

（ comment ／ t'appelles ／ tu ）？

3 私はフランス人です。

（ suis ／ français ／ je ）.

4 彼女は日本人ではありません。

（ japonaise ／ elle ／ pas ／ est ／ n' ）.

❶ Je m'appelle Yuko TANAKA. ➡ LEÇON 01

　自分を名乗る場合は、Je m'appelle ～を使います。また、Je suis ～で「私は～です」とかんたんに名乗る表現もあります。

❷ Tu t'appelles comment ? ➡ LEÇON 02

　名前をたずねる時は、疑問副詞 comment「どのように？」を付けます。

❸ Je suis français. ➡ LEÇON 03

　国籍などの名詞には男性形と女性形があり、男性形の名詞の語尾に e を付けると女性形になります。

❹ Elle n'est pas japonaise. ➡ LEÇON 04

　否定文を作るには、動詞を ne と pas ではさみます。この場合、動詞 est は母音で始まるので ne はエリズィヨンし、発音は n'est となります。

Partie 3 マスターしたい！ 超基本表現

53

私は東京出身です。

基本文型 .... 音声

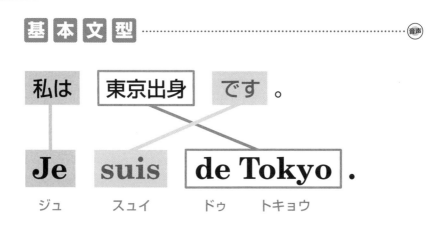

私は　東京出身　です　。

Je　suis　de Tokyo .
ジュ　スュイ　ドゥ　トキョウ

私はフランス出身です。

Je suis de France.
ジュ　スュイ　ドゥ　フランス

私は大阪出身です。

Je suis d'Osaka.
ジュ　スュイ　ドサカ

※地名の頭文字は大文字になります。

出身地の答え方 音声

「動詞être + de＋地名」で、出身地を表せます。前置詞のdeは英語のfromと同じく「〜から」という意味で、出発点（出身地）を表します。また、deは母音で始まる語が後ろにくるとエリズィヨンしてd'となります。

●〜出身である

être + de (d') + 地名
エートル　　　　ドゥ

※動詞venir「来る」を使って出身地を答えることもありますが、êtreを用いた表現のほうがかんたんなんです。

〈国名・都市名〉

イタリア	**Italie** イタリ	イギリス	**Angleterre** アングルテール
スペイン	**Espagne** エスパーニュ	ドイツ	**Allemagne** アルマーニュ
韓国	**Corée** コレ	中国	**Chine** シンヌ
ローマ	**Rome** ローム	ベニス	**Venise** ヴニーズ
ロンドン	**Londres** ロンドゥル	ベルリン	**Berlin** ベルラン
ウィーン	**Vienne** ヴィエンヌ	北京	**Pékin** ペカン

私はパリに住んでいます。

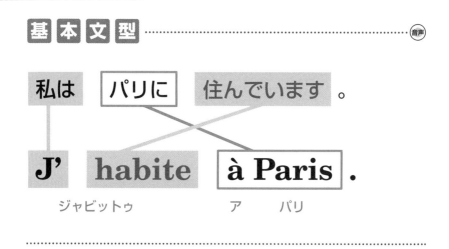

私は　　パリに　　住んでいます 。

J' **habite** **à Paris** .

ジャビットゥ　　　ア　　パリ

彼は横浜に住んでいます。
Il habite à Yokohama.
イラビットゥ　　ア　　　ヨコアマ

私はマンションに住んでいます。
J'habite dans un appartement.
ジャビットゥ　　　ダン　　ザン　　ナパルトゥマン

動詞 habiter「住む」 🔊
　　　　アビテ

　動詞 habiter「住む」は、原形の語尾が er で終わる規則動詞（第一
　　　　　アビテ
群規則動詞）の仲間です。主語に合わせて、語尾が変化して活用しま
す。このようにフランス語の動詞の約９割は（aimer「好きである」、
　　　　　　　　　　　　　　　　　　　　　　　エメ
chanter「歌う」、marcher「歩く」など）同じ活用をします。
シャンテ　　　　　　マルシェ

habiter（住む）の活用			
j'habite ジャビットゥ	私は住む	**nous habitons** ヌ　　ザビトン	私たちは住む
tu habites テュ　アビットゥ	君は住む	**vous habitez** ヴ　　ザビテ	あなた（たち）は住む
il habite イラビットゥ	彼は住む	**ils habitent** イル　ザビットゥ	彼らは住む
elle habite エラビットゥ	彼女は住む	**elles habitent** エル　ザビットゥ	彼女らは住む

※ habiter や aimer は母音で始まるので、je はエリズィヨンして j' となります。
　アビテ　　エメ　　　　　　　　　　　　　　　　ジュ

Partie

3

マスターしたい！　超基本表現

あなたはパリに住んでいますか？

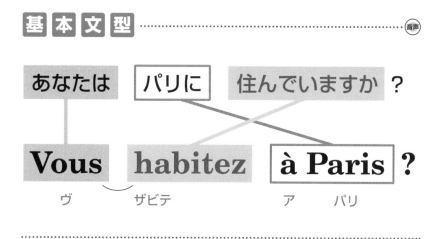

あなたは	パリに	住んでいますか ？

Vous **habitez** **à Paris** ?

ヴ　　　ザビテ　　　　　　ア　　　パリ

あなたは横浜に住んでいるのですか？

Vous habitez à Yokohama ?

ヴ　　　ザビテ　　　　　　ア　　　ヨコアマ

あなたはマンションに住んでいますか？

Habitez-vous dans un appartement ?

アビテ　　　　ヴ　　　ダン　　ザン　ナパルトゥマン

疑問文の作り方 🔊

疑問文には、主に３通りの作り方があります。以下の例文はどれも「あなたは東京に住んでいますか？」の意味になります。

①主語＋動詞の語順のまま文末を上げて読む。

Vous habitez à Tokyo ?
ヴ　ザビテ　　ア　トキョウ

②主語＋動詞の文頭に est-ce que (qu') を付ける。
　　　　　　　　　　　　エス　ク

Est-ce que vous habitez à Tokyo ?
エス　ク　　ヴ　ザビテ　　　ア　トキョウ

③主語と動詞を倒置させる。

（倒置した動詞と主語の間に -〈ハイフン〉を入れる）

Habitez-vous à Tokyo?
アビテ　　　　ヴ　ア　トキョウ

※①の文末を上げて読む表現がいちばんかんたんなんです。会話はこれで十分通じます。

②や③の疑問文の文頭に疑問詞を置く場合は、文末を下げて読みます。

 場所を表す前置詞① 🔊

à「～に」、de (d')「～から」（P.55）のように、場所を表す前置詞はよく使われます。主なものをまとめましたので、覚えましょう。
ア　　　　　ドゥ

〈場所を表す前置詞①〉

～に、～へ	à ア	～から	de (d') ドゥ	～の中に	dans ダン
～の上に	sur スュール	～の下に	sous スー	～の家に	chez シェ

あなたはどこに住んでいますか？

基本文型

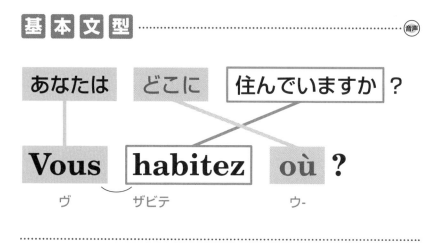

| あなたは | どこに | 住んでいますか | ？ |

Vous **habitez** **où** **?**
ヴ　　　ザビテ　　　　　ウ-

あなたのご両親はどこにお住まいですか？
Vos parents habitent où ?
ヴォ　　　パラン　　　　アビットゥ　　　ウ-

あなたはどこにいますか？
Vous êtes où ?
ヴ　　　ゼットゥ　　ウ-

疑問副詞「どこ？」「いつ？」など 🔊

「どこ？」と、場所をたずねる時は疑問副詞 où を使います。疑問副詞は où 以外にも多数あります。ここでは「いつ？」「どのように？」などの疑問副詞を紹介します。

● quand「いつ？」
　　　カン

Vous arrivez quand ?「いつ着きましたか？」
　ヴ　ザリヴェ　　　　カン

● comment「どのように？」
　　　　　コマン

Comment allez-vous à la fac ?
　コマン　　　　　アレヴ-　　ア　ラ ファック

「どのように大学に行きますか？」

● combien「いくら？」「いくつ？」
　　　　　コンビアン

C'est combien ?「これはいくらですか？」
　セ　　　コンビアン

61

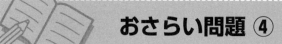

おさらい問題 ④

●日本語を参考にして（　　）に適切な語を入れましょう。

1 彼女たちは中国出身です。

Elles（エル　　　　　　　）de（ドゥ　　　　　　　　）.

2 マルクはロンドンに住んでいます。

Marc（マルク　　　　　　　）à（ア　　　　　　　　）.

3 あなたはローマに住んでいますか？

Vous（ヴ　　　　　　　　）à（ア　　　　　　　　）?

4 君はどこに住んでいるの？

Tu（テュ　　　　　　　）（　　　　　　　　）?

解 答・解 説

1 Elles（ sont ）de（ Chine ）. ➡ LEÇON 05

　出身地を答える時は「être ＋ de (d')＋地名」を使います。母音で始まる地名の場合は、前に付くdeはエリズィヨンしてd'となります。êtreの活用にも注意が必要です（P.51）。

2 Marc（ habite ）à（ Londres ）. ➡ LEÇON 06

　「〜にいる」「〜に住んでいる」のように、「〜に」を表す場合は前置詞àを使います。

3 Vous（ habitez ）à（ Rome ）? ➡ LEÇON 06, 07

　フランス語は、「主語＋動詞」の形で文末を上げて読むと疑問文になります。第一群規則動詞habiter「住む」は、主語に合わせて動詞の語尾が変化するので気をつけましょう。

4 Tu（ habites ）（ où ）? ➡ LEÇON 08

　どこに住んでいるのかをたずねる場合は、疑問副詞où「どこ」を使います。

おさらい問題 ⑤

●イラストを見て（　　）に適切な前置詞を入れましょう。

1 Un chien est （　　　　　） la table.
<small>アン　シアン　エ　　　　　　　　　ラ　タ−ブル</small>

2 Un chien est （　　　　　） la voiture.
<small>アン　シアン　エ　　　　　　　　　ラ　ヴォワテュール</small>

3 Un chien est （　　　　　） les chaussures.
<small>アン　シアン　エ　　　　　　　　　レ　ショスュール</small>

1 Un chien est (sous) la table.　→ LEÇON 07
アン　シアン　エ　　スー　　ラ　ターブル

「(1匹の)犬がテーブルの下にいます。」

位置関係を示す前置詞sous（スー）は、「〜の下に」の意味です。

2 Un chien est (dans) la voiture.　→ LEÇON 07
アン　シアン　エ　　ダン　　ラ　ヴォワテュール

「(1匹の)犬が車の中にいます。」

位置関係を示す前置詞dans（ダン）は「〜の中に」の意味です。ただし、後ろに「時」を表す表現がくる場合は、「〜後」の意味になります。

3 Un chien est (sur) les chaussures.　→ LEÇON 07
アン　シアン　エ　スュール　レ　ショスュール

「(1匹の)犬が靴の上にいます。」

位置関係を示す前置詞sur（スュール）は「〜の上に」の意味です。

Partie

3

マスターしたい！　超基本表現

私の父は フランス語を話します。

基本文型 .... 音声

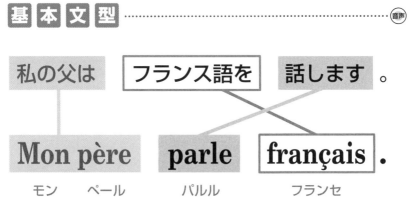

私の父は	フランス語を	話します	。
Mon père	**parle**	**français**	.
モン　ペール	パルル	フランセ	

私の姉（妹）は結婚しています。

Ma sœur est mariée.

マ　　スール　　エ　　マリエ

私の友人たちはとても歌が上手です。

Mes amis chantent très bien.

メ　ザミ　　シャントゥ　　トレ　ビアン

所有形容詞（私の、あなた〈たち〉の） 🔊

名詞の前に置いて、その名詞の所有者を明らかにする形容詞を所有形容詞と言います。英語のmy、yourなどに相当します。後ろにくる名詞の性と数によってそれぞれ異なります。ここでは、よく使われる2つの所有形容詞を扱います。

	後ろに単数男性名詞がくる場合	後ろに単数女性名詞がくる場合	後ろに複数名詞がくる場合	英語
私の	**mon** モン	**ma**※ マ	**mes** メ	**my**
あなた（たち）の	**votre** ヴォ・トル		**vos** ヴォ	**your**

※単数の女性名詞が母音で始まる時は、ma を mon に変えます。

●私の兄

mon ｜frère｜＊

モン　フレール

＊ frère（兄）：単数 ｜男性｜ 名詞

●私の両親

mes ｜parents｜＊

メ　　パラン

＊ parents（両親）：複数名詞

●あなたの指輪

votre ｜bague｜＊

ヴォ・トル　バグ

＊ bague（指輪）：単数 ｜女性｜ 名詞

●私の母

ma ｜mère｜＊

マ　メール

＊ mère（母）：単数 ｜女性｜ 名詞

●私の学校

mon ｜école｜＊

モ　ネコール

＊ école（学校）：母音で始まる

単数 ｜女性｜ 名詞

●あなたの眼鏡

vos ｜lunettes｜＊

ヴォ　リュネットゥ

＊ lunettes（眼鏡）：複数名詞

私には兄（弟）が２人います。

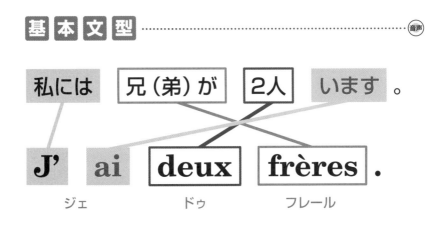

| 私には | 兄（弟）が | ２人 | います | 。 |

J'　ai　deux　frères　.

ジェ　　　　ドゥ　　　　フレール

私には姉（妹）が１人います。

J'ai une sœur.

ジェ　　ユヌ　　スール

※名詞が女性形なので、「1」はune（ユヌ）になります。

私は猫を飼っています。

J'ai un chat.

ジェ　アン　シャ

動詞 avoir ① 「持つ」 アヴォワール 🔊

動詞 avoir は「持つ」の意味で、英語の have と同じように使います。「持つ」の意味から「いる」「飼っている」などのニュアンスも含みます。avoir は動詞 être と同じように、フランス語では重要な動詞のひとつです。
アヴォワール　　　　　エートル

avoir（持つ）の活用			
j'ai ジェ	私は持つ	**nous avons** ヌ　　ザヴォン	私たちは持つ
tu as テュ ア	君は持つ	**vous avez** ヴ　　ザヴェ	あなた（たち）は持つ
il a イラ	彼は持つ	**ils ont** イル ゾン	彼らは持つ
elle a エラ	彼女は持つ	**elles ont** エル　　ゾン	彼女らは持つ

●彼女は友達がたくさんいます。

Elle a beaucoup d'amis.
エラ　　　　　ボク　　　　　ダミ

●私の父は一軒家を持っています。

Mon père a une maison.
モン　　ペール ア ユヌ　　メゾン

LEÇON 11 動詞 avoir ② （状態の表現） 音声24

私はお腹がすいています。

基本文型 .... 音声

| 私は | お腹がすいています 。 |

J' ai faim .
ジェ　　　　ファン

私は眠いです。
J'ai sommeil.
ジェ　　　　ソメィユ

あなたはのどが渇いていますか？
Vous avez soif ?
ヴ　　ザヴェ　　　ソワフ

ポイント！ **動詞 avoir ② 状態を表す** 🔊（音声）

動詞 avoir（アヴォワール）は LEÇON 10 で学習した「持つ」の意味のほか、状態を表す場合にも使われます。以下のような日常的な表現にもよく登場します。

●お腹がすいている
avoir faim
アヴォワール　ファン

●のどが渇いている
avoir soif
アヴォワール　ソワフ

●暑い
avoir chaud
アヴォワール　ショ-

●寒い
avoir froid
アヴォワール　フロワ

●（言っていることが）正しい
avoir raison
アヴォワール　レゾン

●（言っていることが）間違っている
avoir tort
アヴォワール　トール

●〜が痛い
avoir mal à 〜
アヴォワール　マル　ア

●〜が必要である
avoir besoin de (d’) 〜
アヴォワール　ブズワン　ドゥ

LE**C**O**N** **12** 動詞 avoir ③（年齢の表現） 音声 25

私は20歳です。

基本文型 ·· 音声

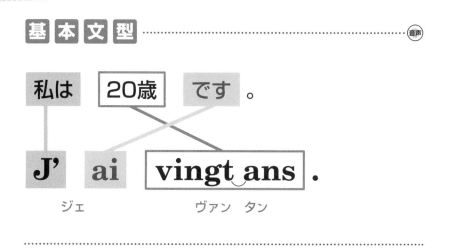

私は　20歳　です　。

J'　ai　vingt ans ．

ジェ　　　　ヴァン　タン

私は25歳です。

J'ai vingt-cinq ans.

ジェ　　　　ヴァントゥサンカン

私の赤ちゃんは1歳です。

Mon bébé a un an.

モン　　ベベ　ア　ア　ナン

年齢の言い方

　年齢を言う時にも、動詞avoir^{アヴォワール}を使います。数詞の次にくるan(s)は「年（歳）」という意味です。年齢が1歳なら、数詞が単数なのでsはつかずにan^{アン}となります。

●～歳である

avoir ＋ 数詞 ＋ an(s)
アヴォワール　　　　　　　　　　アン

※ansのsなど、複数を表すsは発音しません。

 年齢のたずね方 音声

　年齢をたずねる際は、Quel âge avez-vous ? と言います。âgeは「年齢」の意味です。よく使う表現なので、そのまま覚えてしまいましょう。また、疑問形容詞quel^{ケル}についてはLEÇON 22（P.105）で詳しく学習します。

●何歳ですか？

Quel âge avez-vous ?
　　ケラージュ　　　　アヴェヴ-

● （　　）には、それぞれavoir「持つ」の活用形が入ります。日本
語を参考にして適した活用形を入れましょう。

1 君はお腹がすいているの？

Tu（　　　　　）faim ?

2 ソフィーには３人の姉（妹）がいます。

Sophie（　　　　　）trois sœurs.

3 あなたは何歳ですか？

Quel âge（　　　　　）-vous ?

4 私の兄（弟）は20歳です。

Mon frère（　　　　　）vingt ans.

解答・解説

1 Tu (as) faim ?　→ LEÇON 10, 11
テュ　　ア　　ファン

avoir「持つ」は、状態を表す場合にも使います。他には「のどが渇いている」
アヴォワール
「〜が痛い」などの表現もあります。

2 Sophie (a) trois sœurs.　→ LEÇON 10
ソフィ　　ア　トロワ　スール

avoirは「持つ」という意味が転じて「いる」の意味でも使われます。「姉」
アヴォワール
が3人いるので複数形のsœursとなります。語尾にsが付いても発音は変わりま
スール
せん。

3 Quel âge (avez)-vous ?　→ LEÇON 10, 12
ケラージュ　　アヴェヴ-

年齢をたずねる時にもavoirを使います。よく使う表現なので、このまま覚え
アヴォワール
てしまいましょう。

4 Mon frère (a) vingt ans.　→ LEÇON 09, 10, 12
モン　フレール　ア　ヴァン　タン

年齢を言う時もavoirを使います。また、monは単数男性名詞の前に付く「私
アヴォワール　　　　　　　　　　　　　　　　モン
の」の意味の所有形容詞です。

Partie 3 マスターしたい！超基本表現

75

基本の表現 ❶ 数字

　家族の人数や年齢以外にも、数字は日常的によく使われます。多少複雑ですが覚えておくと便利です。

1〜60の場合

▶ 数字の1は、次にくる名詞の性によって un と une を使い分けます。

▶ 20台から60台で、一の位の数字が1の場合は un（une）の前に et を付けます。

▶ 22以上は、vingt「20」（trente「30」、…）と一の位の数字の間に -（ハイフン）を入れます。

1	un / une アン ／ ユヌ	2	deux ドゥ	3	trois トロワ
4	quatre カトル	5	cinq サンク	6	six スィス
7	sept セットゥ	8	huit ュィットゥ	9	neuf ヌフ
10	dix ディス	11	onze オンズ	12	douze ドゥーズ
13	treize トレーズ	14	quatorze カトールズ	15	quinze カーンズ
16	seize セーズ	17	dix-sept ディセットゥ	18	dix-huit ディズュィットゥ
19	dix-neuf ディズヌフ	20	vingt ヴァン	21	vingt et un ヴァン　テ　アン
22	vingt-deux ヴァントゥドゥ	30	trente トラントゥ	31	trente et un トラン　テ　アン
40	quarante カラントゥ	50	cinquante サンカントゥ	60	soixante スワサントゥ

70〜10000の場合

▶ 70台は「60＋10、＋11、＋12、…」となります。

▶ 80台は「20×4、＋1、＋2、…」となります。

▶ 90台は「20×4＋10、＋11、…」となります。

▶ 200、300、400、…にはcent（サン）のあとに複数のsが付きます。ただし、その
　あとに十の位、一の位が続く時はsが付きません。

70	**soixante-dix** スワサントゥディス	71	**soixante et onze** スワサン　テ　オンズ	72	**soixante-douze** スワサントゥドゥーズ
80	**quatre-vingts** カトルヴァン	81	**quatre-vingt-un** カトルヴァンアン	82	**quatre-vingt-deux** カトルヴァンドゥ
90	**quatre-vingt-dix** カトルヴァンディス	91	**quatre-vingt-onze** カトルヴァンオンズ	100	**cent** サン
101	**cent un** サン　アン	200	**deux cents** ドゥ　　サン	201	**deux cent un** ドゥ　　サン　アン
300	**trois cents** トロワ　　サン	1000	**mille** ミル	10000	**dix mille** ディ　ミル

お金の数え方

　数字のあとに単位などの名詞が続く場合は、リエゾンやアンシェヌマンが起こ
り、数字だけの時の読み方とは多少異なります。

　では、お金の単位ユーロ（euro）で練習してみましょう。

1ユーロ	**un euro** アニューロ	2ユーロ	**deux euros** ドゥズユーロ	3ユーロ	**trois euros** トゥルワズユーロ
4ユーロ	**quatre euros** カトゥルユーロ	5ユーロ	**cinq euros** サンクユーロ	6ユーロ	**six euros** スィズユーロ
7ユーロ	**sept euros** セットユーロ	8ユーロ	**huit euros** ユィットユーロ	9ユーロ	**neuf euros** ヌフユーロ
10ユーロ	**dix euros** ディズユーロ				

フランスのパン事情〈Boulangerie〉
ブーランジュリー

　フランス人がもっとも日常的に食べているパンは、バゲット〈baguette〉です。日本では「フランスパン」の名で親しまれている棒状のパンで、パリでは、バゲットをそのまま手にして歩くパリジャンをよく見かけます。袋に入れずに商品が売られるなんて、日本では考えられないですね。さらに、もう片方の手にワインの瓶を抱えていたなら、まさしく昔ながらの典型的なフランス人のイメージでしょう。

　そんなパンの国フランスでも、1980年代には工場生産のパンが出現し、日本のパン製造機が活躍。日本の大手製パン会社も進出したりしました。固いパンばかりのフランスで、柔らかくて工夫を凝らした日本のパンは、思いのほか人気を集めました。ところが、パンは高カロリーとのイメージも手伝って、フランス国内の価格競争で明らかに質の落ちたパンの消費量は、激減してしまいました。

　そのため、昔気質でちょっと意固地なフランス人は、「パン屋さん」の名前に関する法律を作りました。フランス語でパン屋さんは、ブーランジェ〈boulanger〉。法律により、このブーランジェという称号を掲げられるのはパン製造の全工程を自分の店で行うパン職人だけになりました。生地を冷凍したり、大量生産で作られたりするパンは、ブーランジュリー〈boulangerie〉（パン屋さんの店）にはありません。

　フランスのパン屋さんの朝は早く、6時頃から開いています。中に入ると、できたてパンの香ばしい匂いにワクワクして、1日が楽しくなること請け合いです。

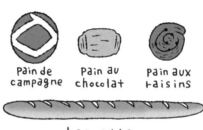

Partie 4

使ってみたい！
基本表現①

ここでは、日常会話でよく使う表現を中心に、さまざまな動詞や提示表現、冠詞の使い分けなどを学びます。会話が広がる表現なので、ぜひ覚えましょう。

※本文中の記号で、‿ はリエゾン、⁀ はアンシェヌマンを表します（26ページ参照）

コーヒー1杯、お願いします。

基本文型 .... 音声

| コーヒー1杯 | 、 | お願いします | 。 |

Un café , **s'il vous plaît** .

アン　カフェ　　スィル　ヴ　プレ

紅茶1杯、お願いします。
Un thé, s'il vous plaît.
アン　テ　スィル　ヴ　プレ

アイスクリーム1つ、お願いします。
Une glace, s'il vous plaît.
ユヌ　グラス　スィル　ヴ　プレ

便利な表現 s'il vous plaît

s'il vous plaît（スィル ヴ プレ）は語句の後ろに付けるだけで、「お願いの表現」になる魔法のようなことばです。また、文章の後ろに付ければ、とても丁寧な言い方になります。

●～をお願いします（～をください）

～, s'il vous plaît
スィル　　　ヴ　　　プレ

 冠詞①　不定冠詞

フランス語では、基本的に名詞には常に冠詞が付き、それが男性名詞、女性名詞、複数名詞によって異なるので注意が必要です。その種類も、不定冠詞、定冠詞（P.83）、部分冠詞（P.91）の3種類があります。ここでは、数えられる名詞の場合に用いる不定冠詞 un（アン）、une（ユヌ）、des（デ）を学習しましょう。

un ＋ 単数 [男性] 名詞　「1つの～」
アン

une ＋ 単数 [女性] 名詞　「1つの～」
ユヌ

des ＋ 複数名詞　　　　　「いくつかの～」
デ

※不定冠詞を付けながら名詞を覚えると、男性名詞と女性名詞の区別がわかるようになります。

これはサラのハンドバッグです。

基本文型 .... 音声

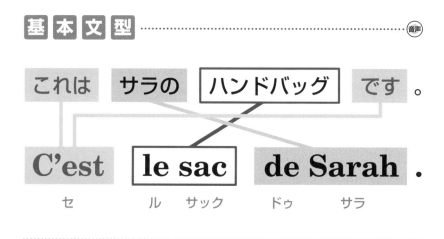

これは　サラの　ハンドバッグ　です。

C'est　le sac　de Sarah .

セ　ル　サック　ドゥ　サラ

これは車です。

C'est une voiture.

セ　テュヌ　ヴォワテュール

※名詞が特定されていないので、名詞の前に不定冠詞 une（P.81）が付きます。

これはトマの車です。

C'est la voiture de Thomas.

セ　ラ　ヴォワテュール　ドゥ　トマ

人やものを示す表現① c'est ～「これは～です」

「これは～です」と何かを提示する時は、c'est＋冠詞＋名詞で表します。名詞には、示したい人やものが入ります。

●これは～です

C'est ＋ 冠詞 ＋ 名詞
セ

 冠詞② 定冠詞 音声

定冠詞は、名詞が特定されている場合に用いられる冠詞で、英語のtheと同じように使います。不定冠詞（P.81）同様に男性名詞、女性名詞、複数名詞に付くものがそれぞれ異なります。またleとlaは、次に母音で始まる単語がくるとエリズィヨンして l' となります。

le (l') ＋ 単数 男性 名詞 「その～」
ル

la (l') ＋ 単数 女性 名詞 「その～」
ラ

les ＋ 複数名詞 「それらの～」
レ

●これはリュックの本です。

C'est le livre de Luc .
セ ル リーヴル ドゥ リュック

※この場合、de (d') は英語のofと同じ「～の」の意味で、livre「本」という名詞が「リュックの」と特定されているため定冠詞leが付きます。

パリには見るものが たくさんあります。

基本文型 ···································· 音声

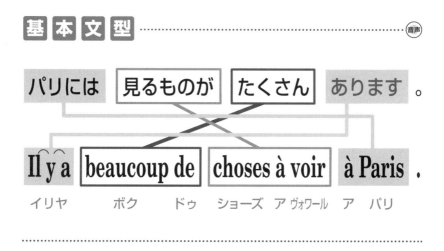

| パリには | 見るものが | たくさん | あります | 。 |

Il y a | beaucoup de | choses à voir | à Paris .

イリヤ　　ボク　　ドゥ　ショーズ ア ヴォワール　ア　パリ

テーブルの下に猫がいます。
Il y a un chat sous la table.

イリヤ　　アン　　シャ　　スー　　ラ　　タープル

パリにはたくさんの旅行者がいます。
Il y a beaucoup de touristes à Paris.

イリヤ　　ボク　　ドゥ　トゥーリストゥ　ア　　パリ

※ beaucoup de (d') は「たくさんの」を表す数量表現です。

84

人やものを示す表現② Il y a ～「～があります（います）」

Il y a ＋名詞で「～があります（います）」と表します。人やものを示すのに、とても便利な表現のひとつです。

●～があります（います）

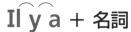
Il y a ＋ 名詞
イリヤ

 人やものを示す表現③「あそこ（ここ）に～があります」

人やものを示す表現には、voilà ＋名詞「あそこに～があります（あれが～です）」や、voici ＋名詞「ここに～があります（これが～です）」もあります。これもよく使う表現なので覚えておきましょう。

●あそこにエッフェル塔があります。（あれがエッフェル塔です。）

Voilà la tour Eiffel.

ヴォワラ ラ トゥーレッフェル

●ここにルーヴル美術館があります。（これがルーヴル美術館です。）

Voici le musée du Louvre.

ヴォワスィ ル ミュゼ デュ ルーヴル

おさらい問題 ⑦

●日本語を参考にして（　　）に適切な冠詞を下の語群から選んで入れましょう。

> アン　　ユヌ　　　デ　　　ル　　　ラ　　　レ
> **un・une・des・le・la・les**

1 テーブルの下に 1 匹の猫がいます。

　　イリヤ
Il y a（　　　　　） chat sous la table.
　　　　　　　　　　　　シャ　　スー　　ラ　　タブール

2 アイスクリーム 1 つ、お願いします。

（　　　　　） glace, s'il vous plaît.
　　　　　　　グラス　　スィル　　ヴ　　プレ

3 これはマリーの車です。

　セ
C'est（　　　　　） voiture de Marie.
　　　　　　　　　　ヴォワテュール　ドゥ　マリー

4 ここにルーヴル美術館があります。

　ヴォワスィ
Voici（　　　　　） musée du Louvre.
　　　　　　　　　　ミュゼ　　デュ　ルーヴル

86

解答・解説

1 Il y a (un) chat sous la table. → LEÇON 13, 15
イリヤ アン シャ スー ラ ターブル

　chat「猫」は単数男性名詞なので、不定冠詞unが付きます。また、Il y a＋名
シャ アン イリヤ
詞で「〜があります」を表します。

2 (Une) glace, s'il vous plaît. → LEÇON 13
ユヌ グラス スィル ヴ プレ

　glace「アイスクリーム」は単数女性名詞なので、不定冠詞uneが付きます。
グラス ユヌ
語句のあとにs'il vous plaît を付けると「〜をお願いします」という表現になり
スィル ヴ プレ
ます。

3 C'est (la) voiture de Marie. → LEÇON 14
セ ラ ヴォワテュール ドゥ マリー

　voiture「車」は単数女性名詞で、「マリーの」と特定されているので定冠詞la
ヴォワテュール ラ
が付きます。C'est＋冠詞＋名詞で「これは〜です」という提示の表現になりま
セ
す。

4 Voici (le) musée du Louvre. → LEÇON 14, 15
ヴォワスィ ル ミュゼ デュ ルーヴル

　musée「美術館」は単数男性名詞で、「ルーヴル美術館」と特定されているの
ミュゼ
で定冠詞leが付きます。Voici＋名詞で「ここに〜があります（これが〜です）」
ヴォワスィ
を表します。

私はお菓子が好きです。

基本文型 .... 音声

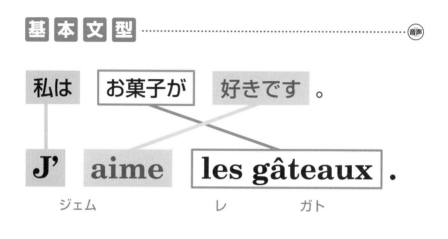

私は	お菓子が	好きです

J' **aime** **les gâteaux** .
ジェム　　　　　　　　レ　　　　ガト

私は猫が好きです。
J'aime les chats.
ジェム　　　　レ　　　シャ

※ aimer のあとにくる名詞の前には、その名詞全体を示すため定冠詞（P.83）を
付けます。

私は旅行するのが好きです。
J'aime voyager.
ジェム　　　　　　ヴォワヤジェ

動詞aimer「好きである」 音声

動詞aimerはLEÇON 06（P.57）で学習したhabiter（住む）同様、第一群規則動詞のひとつです。aimerは「好きである」の意味で、英語のlikeと同じです。「aimer＋名詞」で「〜が好きである」の意味になります。また、「aimer＋動詞の原形」で「〜することが好き」という意味になります。

●〜が好きである

aimer ＋ 名詞
エメ

●〜することが好き

aimer ＋ 動詞の原形
エメ

aimer（好きである）の活用			
j'aime ジェム	私は好きである	**nous aimons** ヌ　ゼモン	私たちは好きである
tu aimes テュ　エム	君は好きである	**vous aimez** ヴ　ゼメ	あなた（たち）は好きである
il aime イレム	彼は好きである	**ils aiment** イル　ゼム	彼らは好きである
elle aime エレム	彼女は好きである	**elles aiment** エル　ゼム	彼女らは好きである

私はワインがほしいです。

基本文型 .... 音声

私は	ワインが	ほしいです 。

Je **veux** **du vin** .

ジュ　　ヴ　　デュ　ヴァン

私はビールがほしいです。

Je veux de la bière.

ジュ　ヴ　ドゥ　ラ　ビエール

※ vin「ワイン」や bière「ビール」には部分冠詞が付きます。

私はオペラ座に行きたいです。

Je veux aller à l'Opéra.

ジュ　ヴ　アレ　ア　ロペラ

動詞vouloir ヴーロワール 「ほしい」 音声

動詞vouloir ヴーロワール は「ほしい」という意味で、英語のwantと同じです。「vouloir ヴーロワール ＋名詞」で「～がほしい」、「vouloir ヴーロワール ＋動詞の原形」で「～がしたい」の意味になります。

語尾が規則的に変化しないvouloir ヴーロワール のような動詞を不規則動詞と言います。

●～がほしい

vouloir ＋ 名詞
ヴーロワール

●～がしたい

vouloir ＋ 動詞の原形
ヴーロワール

vouloir（ほしい）の活用			
je veux ジュ ヴ	私はほしい	**nous voulons** ヌ ヴロン	私たちはほしい
tu veux テュ ヴ	君はほしい	**vous voulez** ヴ ヴレ	あなた（たち）はほしい
il veut イル ヴ	彼はほしい	**ils veulent** イル ヴール	彼らはほしい
elle veut エル ヴ	彼女はほしい	**elles veulent** エル ヴール	彼女らはほしい

 冠詞③ 部分冠詞

液体や粉状のものなど数えられない名詞の前に付けて、いくらかの量を表す冠詞を「部分冠詞」と言います。母音で始まる単語の前では男性名詞、女性名詞ともにde l' ドゥル となります。

du (de l') ＋ 男性 名詞
デュ ドゥル

de la (de l') ＋ 女性 名詞
ドゥ ラ ドゥル

LEÇON 18　動詞 faire　音声 32

私はフランス語を勉強しています。

基本文型 .... 音声

| 私は | フランス語を | 勉強しています 。 |

Je　fais　du français .
ジュ　　フェ　　デュ　　フランセ

私は買い物をしています。

Je fais du shopping.
ジュ　フェ　デュ　　ショッピング

何をしているのですか？

Qu'est-ce que vous faites ?
　　　　　　ケス　　　ク　　ヴ　　フェットゥ

※ Qu'est-ce que〜を使った表現は LEÇON 27（P.124）で詳しく学習します。
　　ケス　ク

動詞faire「〜する」 音声

動詞faireは「〜する」「作る」という意味で、英語のmakeと同じです。不規則動詞のひとつで、天候を表す動詞でもあります（P.103）。

faire（〜する）の活用			
je fais ジュ フェ	私は〜する	**nous faisons** ヌ フゾン	私たちは〜する
tu fais テュ フェ	君は〜する	**vous faites** ヴ フェットゥ	あなた（たち）は〜する
il fait イル フェ	彼は〜する	**ils font** イル フォン	彼らは〜する
elle fait エル フェ	彼女は〜する	**elles font** エル フォン	彼女らは〜する

●私はサッカーをします。

部分冠詞

Je fais du football.
ジュ フェ デュ フットボール

●私は水泳をします。

部分冠詞

Je fais de la natation.
ジュ フェ ドゥ ラ ナタスィヨン

※スポーツや習いごとなどを対象とした場合は、名詞の前に部分冠詞（P.91）を付けます。

●私はケーキを作っています。

Je fais un gâteau.
ジュ フェ アン ガト

私はルーヴル美術館に行きます。

基 本 文 型

私は ルーヴル美術館に 行きます 。

Je **vais** **au musée du Louvre** .

ジュ ヴェ オ ミュゼ デュ ルーヴル

私はパリに行きます。

Je vais à Paris.

ジュ ヴェ ア パリ

どこへ行くのですか？

Vous allez où ?

ヴ ザレ ウ-

94

動詞aller 「行く」 音声

動詞allerは「行く」という意味の不規則動詞です。活用の変化が複雑なので気をつけましょう。

aller（行く）の活用			
je vais ジュ ヴェ	私は行く	**nous allons** ヌ ザロン	私たちは行く
tu vas テュ ヴァ	君は行く	**vous allez** ヴ ザレ	あなた（たち）は行く
il va イル ヴァ	彼は行く	**ils vont** イル ヴォン	彼らは行く
elle va エル ヴァ	彼女は行く	**elles vont** エル ヴォン	彼女らは行く

 前置詞à／deと定冠詞

前置詞à「〜に、〜へ」とde「〜から、〜の」のあとに、定冠詞leとlesが付く場合は、定冠詞縮約形（前置詞と定冠詞をまとめた形）に変えなければなりません。ただし定冠詞laとl'が付く場合は、形は変わりません。

à + le ➡ au
アル オ

à + les ➡ aux
ア レ オ

de + le ➡ du
ドゥ ル デュ

de + les ➡ des
ドゥ レ デ

音声
34

仕事は正午に終わります。

基本文型 音声

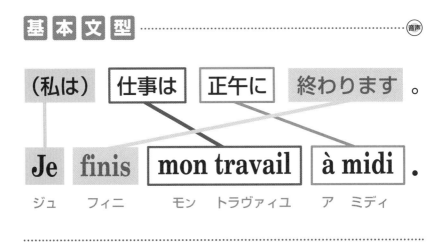

| （私は） | 仕事は | 正午に | 終わります 。 |

| Je | finis | mon travail | à midi . |
| ジュ | フィニ | モン　トラヴァィユ | ア　ミディ |

この映画は５時に終わります。
Ce film finit à cinq heures.
ス　　フィルム　　フィニ　　ア　　　　サンクール

宿題は終わりましたか？
Vous finissez vos devoirs ?
ヴ　　　　フィニセ　　　ヴォ　　ドゥヴォワール

動詞finir「終わる」 音声

　動詞finir（フィニール）は「終わる」「終える」という意味で、英語のfinishと同じです。また、原形の語尾がirで終わる規則動詞（第二群規則動詞）の仲間です。choisir（ショワズィール）「選ぶ」、réussir（レウスィール）「成功する」、obéir（オベイール）「従う」などと同じように主語に合わせて語尾が変化して活用します。

finir（終わる）の活用

je finis ジュ フィニ	私は終わる	**nous finissons** ヌ　　　フィニソン	私たちは終わる
tu finis テュ フィニ	君は終わる	**vous finissez** ヴ　　　フィニセ	あなた（たち）は終わる
il finit イル フィニ	彼は終わる	**ils finissent** イル　　フィニス	彼らは終わる
elle finit エル　フィニ	彼女は終わる	**elles finissent** エル　　フィニス	彼女らは終わる

※irで終わる規則動詞は、語尾が主語に合わせて赤字部分のように変化します。

Partie

4

使ってみたい！　基本表現①

97

おさらい問題 ⑧

●日本語を参考にして（　　）に適切な動詞の活用形を入れましょう。

1 ジルはエマが好きです。〈動詞：aimer（エメ）〉

Gilles（ジル）（　　　　　）Emma（エマ）.

2 私はマリーと会いたいです。〈動詞：vouloir（ヴーロワール）〉

Je（ジュ）（　　　　　）voir（ヴォワール） Marie（マリー）.

3 私たちは料理をします。〈動詞：faire（フェール）〉

Nous（ヌ）（　　　　　）la（ラ） cuisine（キュイズィーヌ）.

4 私はシャンゼリゼ大通りには行きません。〈動詞：aller（アレ）〉

Je（ジュ） ne（ヌ）（　　　　）pas（バ） aux（オ） Champs-Élysées（シャンゼリゼ）.

❶ Gilles（ aime ）Emma. ➡ LEÇON 16

ジル エム エマ

　aimerは「好きである」の意味の第一群規則動詞です。Gilles（男性の名前）
エメ ジル
は固有名詞なので、il（彼）と同じ動詞の活用形が使われます。
イル

❷ Je（ veux ）voir Marie. ➡ LEÇON 17

ジュ ヴ ヴォワール マリー

　不規則動詞vouloir＋動詞の原形で「〜がしたい」の意味になります。voirは、
ヴーロワール ヴォワール
「見る」「会う」の意味の動詞です。

❸ Nous（ faisons ）la cuisine. ➡ LEÇON 18

ヌ フゾン ラ キュイズィーヌ

　faireは、「〜する」「作る」の意味です。料理や洗濯などの家事をする時には、
フェール
faire＋定冠詞＋名詞で表します。
フェール

❹ Je ne（ vais ）pas aux Champs-Élysées. ➡ LEÇON 19

ジュ ヌ ヴェ バ オ シャンゼリゼ

　allerは「行く」の意味の動詞です。auxは、à＋lesの縮約形です。否定文の
アレ オ ア レ
作り方はLEÇON 04（P.51）で学習しています。

日付や曜日も日常的に使う基本表現です。たずね方と答え方の例文と一緒に覚えましょう。

> 月・曜日・季節は
> すべて男性名詞です

月

1月	janvier ジャンヴィエ	2月	février フェヴリエ	3月	mars マルス
4月	avril アヴリル	5月	mai メ	6月	juin ジュアン
7月	juillet ジュイエ	8月	août ※ ウットゥ	9月	septembre セプタンブル
10月	octobre オクトブル	11月	novembre ノヴァンブル	12月	décembre デッサンブル

※aoûtは「ウ」と発音する場合もあります。

●今日は何日ですか？

Nous sommes le combien aujourd'hui ?
ヌ　　　　ソム　　　ル　　　コンビアン　　　オジュルドゥイ

▶1月2日です。

Nous sommes le deux janvier.
ヌ　　　　ソム　　　ル　　　ドゥ　　　ジャンヴィエ

※日付や曜日をたずねたり、答えたりする場合、Nous sommes〜を使います。
　日付は必ず「定冠詞le＋数詞（日）＋〜月」の順で表しますが、毎月1日だけ
　はle premierとして序数詞を使います。

100

日曜日	dimanche ディマンシュ	月曜日	lundi ランディ	火曜日	mardi マルディ
水曜日	mercredi メルクルディ	木曜日	jeudi ジュディ	金曜日	vendredi ヴァンドゥルディ
土曜日	samedi サムディ				

●今日は何曜日ですか？

Nous sommes quel jour aujourd'hui ?
　　ヌ　　　　ソム　　　　ケル　ジュール　オジュルドゥイ

▶水曜日です。

Nous sommes mercredi.
　　ヌ　　　　ソム　　　　メルクルディ

※「～曜日に」などと言う場合には、前置詞は付きません。

季 節

春 printemps プランタン	夏 été エテ	秋 automne オトンヌ	冬 hiver イヴェール

※「春に」などと言う場合には、以下のように前置詞が付きます。
- au printemps　「春に」
- en été　　「夏に」
- en automne　「秋に」
- en hiver　「冬に」

今日はいい天気です。

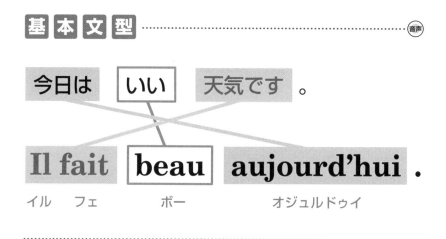

今日は　いい　天気です。

Il fait　beau　aujourd'hui.

イル　フェ　ボー　オジュルドゥイ

天気が悪いです。
Il fait mauvais.
イル　フェ　モヴェ

雨がたくさん降っています。
Il pleut beaucoup.
イル　プルゥ　ボク

いろいろな天候の表現 🔊

　天候表現は「彼」という、意味を持たない非人称主語il（イル）の後ろに、
動詞faire（フェール）の活用形であるfait（フェ）（P.93）を付けて表します。

● （天候が）〜です

Il fait 〜

イル　フェ

〈天候表現の例〉

寒い	**froid** フロワ	暑い	**chaud** ショー
涼しい	**frais** フレ	じめじめしている	**humide** ユミッドゥ
曇っている	**nuageux** ニュアジュー	摂氏10度	**dix degrés** ディ　ドゥグレ

　また、fait（フェ）を使わずに、il（イル）＋天候を表す動詞（非人称動詞）でも天候
が表せます。

●雨が降っています。

Il pleut.

イル　プルゥ

●雪が降っています。

Il neige.

イル　ネージュ

今日はどんな天気ですか？

基本文型 音声

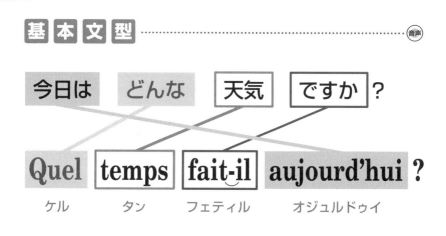

| 今日は | どんな | 天気 | ですか | ？ |

Quel **temps** **fait-il** **aujourd'hui** ?
ケル　　　タン　　　フェティル　　　オジュルドゥイ

パリはどんな天気ですか？
Quel temps fait-il à Paris ?
ケル　　　タン　　　フェティル　ア　　　パリ

気温は何度ですか？
Quelle température fait-il ?
ケル　　　　　　タンペラテュール　　　　フェティル

疑問形容詞quel「どんな〜？」 〔音声〕

ケル

　天候や時間、名前などをたずねる時に用いられる疑問形容詞quel
は、関係する名詞の性と数に合わせて形が変わります。また、「どん
な〜ですか？」「〜は何ですか？」の2つの用法があります。

quel：単数 男性 名詞　　**quels**：複数 男性 名詞

　ケル　　　　　　　　　　　　　　　ケル

quelle：単数 女性 名詞　**quelles**：複数 女性 名詞

　　ケル　　　　　　　　　　　　　　　ケル

〈どんな〜ですか？〉

●どんな花が好きですか？

Quelles fleurs * aimez-vous ?

　ケル　　フルール　　　　　エメ　　ヴ　　＊ fleurs（花）：複数 女性 名詞

●どんな映画が好きですか？

Quels films * aimez-vous ?

　ケル　　フィルム　　　　エメ　　　ヴ　　＊ films（映画）：複数 男性 名詞

〈〜は何ですか？〉

●あなたの名前は何ですか？

Quel est votre nom * ?

　ケレ　　ヴォ・トル　ノン　　　　　＊ nom（名前）：単数 男性 名詞

●あなたの職業は何ですか？

Quelle est votre profession * ?

　ケレ　　ヴォ・トル　プロフェスィヨン

　　　　　　　　　　　　＊ profession（職業）：単数 女性 名詞

Partie

4

使ってみたい！基本表現①

7時です。

7時	です

。

Il est　**sept heures** .

イレ　　　　　　セットゥール

午前8時です。

Il est huit heures du matin.

イレ　　　ユィットゥール　　　　デュ　　マタン

何時ですか？

Quelle heure est-il ?

ケルール　　　エティル

時刻の表現 🔊

時刻は、非人称主語 il + 動詞 être + ～ heure (s) で表します。

●午後1時です。

Il est une heure de l'après-midi.

イレ　　ユヌール　　ドゥ　　ラプレミディ

※1時の場合は、heure の語尾に s が付きません。また、heure は女性名詞なので、「1」は une になります。

※午後6時以降の「午後」は du soir で表します。

 時刻のたずね方 🔊

時刻をたずねる時には疑問形容詞 quel を使いますが、heure は女性名詞なので quelle となります（P.105）。また、動詞 avoir を使った時刻のたずね方もあります。

●何時ですか？

Vous avez l'heure ?

ヴ　　ザヴェ　　　ルール

おさらい問題 ⑨

●次の問いに対して、イラストを見て答えましょう。

ケル タン フェティル
Quel temps fait-il ?

1

2

ケルール エティル
Quelle heure est-il ?

3

4

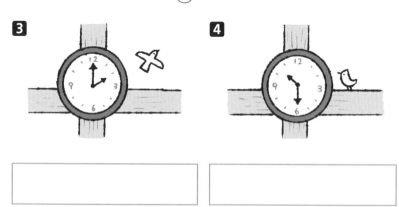

解 答・解 説

ケル　タン　フェティル
Quel temps fait-il ?　「どんな天気ですか？」　➡ LEÇON 21, 22

イル　ブルゥ
1 **Il pleut.**　「雨が降っています。」

天候を伝える時には、非人称主語 il を使います。

イル　ネージュ
2 **Il neige.**　「雪が降っています。」

ケルール　エティル
Quelle heure est-il ?　「何時ですか？」　➡ LEÇON 23

イレ　ドゥ　ズール
3 **Il est deux heures.**　「2時です。」

時刻を伝える時にも、非人称主語 il を使います。また、heure(s) の後ろに
juste を付けると「〜時ちょうど」となります。

イレ　ディ　ズール　エ　ドゥミ
4 **Il est dix heures et demie.**　「10時30分です。」

午前の場合は文末に du matin、夜の場合は du soir を付けます。

Partie

4

使ってみたい！ 基本表現①

基本の表現 ❸ 時刻

　時刻も、会話に欠かせない基本表現です。「〜時」は数字の後ろに
heure(s) が付き発音が多少難しくなりますが、覚えておきましょう。

ウール

時

midi/minuit
ミディ / ミニュイ

onze heures
オンズール

une heure
ユヌール

dix heures
ディ ズール

deux heures
ドゥ ズール

neuf heures
ヌ ヴール

trois heures
トロワ ズール

huit heures
ユイットゥール

quatre heures
カトルール

sept heures
セットゥール

cinq heures
サンクール

six heures
スィ ズール

※「12時」は douze heures でも表せます。

ドゥーズール

110

5分	**cinq** サンク	10分	**dix** ディス	15分	**et quart** エ　カール
20分	**vingt** ヴァン	30分	**et demie** エ　ドゥミ	20分前	**moins vingt** モワン　ヴァン
15分前	**moins le quart** モワン　ル　カール	10分前	**moins dix** モワン　ディス	5分前	**moins cinq** モワン　サンク

● 1時ちょうどです。

Il est une heure juste.
イレ　　ユヌール　　ジュストゥ

● 午前9時です。

Il est neuf heures du matin.
イレ　ヌ　ヴール　デュ　マタン

● 午後6時です。

Il est six heures de l'après-midi.
イレ　スィ　ズール　ドゥ　ラプレミディ

● 夜の10時30分です。

Il est dix heures et demie du soir.
イレ　ディ　ズール　エ　ドゥミ　デュ ソワール

● 正午です。　　　　● 夜の12時です。

Il est midi.　　　Il est minuit.
イレ　ミディ　　　　イレ　ミニュイ

Partie 4　使ってみたい！ 基本表現①

111

☕ パリの街を自転車に乗って〈Vélib'〉

　ヨーロッパの大都市ではレンタル自転車事業が盛んです。その火付け役となったのはフランス第2の都市リヨン市（フランス南東部、ローヌ県の県庁所在地）のヴェロヴ〈Vélo'v〉で、2005年6月にサービスを開始しました。

　ヴェロヴの成功を受け、パリ市も大手広告会社と共同でヴェリブ〈Vélib'=vélo en libre-service〉というレンタル自転車サービスを2007年7月に始めました。もともとツール・ド・フランスなど自転車競技が盛んな国ですから、パリジャンたちはこぞって利用しはじめました。会社員、学生、買い物客、観光客にも好評で、日本のガイドブックにも紹介されています。

　自動車による大気汚染を減らすのが目的で開始されたサービスですが、渋滞を尻目に、環境にやさしい自転車で「自由（libre）」にパリ市内を満喫できる快感が、誰にでも受け入れられた一番の理由でしょう。自動車以外でのパリの交通手段と言えば、ほとんどがメトロ（地下鉄）です。もちろんラッシュ・アワーがあり、スリに遭う危険性も多いのですが、このヴェリブを利用すればその心配も無用です！

　当初は、1万6,000台の自転車と750か所の駐輪場が用意されました。ところが、あまりの人気のため、自転車の数を一気に2万台以上に増やし、駐輪場の数も2倍以上になりました。利用するには「パス」が必要ですが、登録はかんたんです。また、最初の30分は無料で、用事が済めば最寄りの駐輪場に乗り捨てればよいのです。ただし利用者は当たり前のことですが、道路交通法を守り、他人に迷惑をかけないことが求められます。

Partie 5

使ってみたい！
基本表現②

ここでは、主に相手に話しかける表現を学習します。カフェなどに誘う表現や、人・時間・場所などのたずね方、命令や依頼の表現など、Partie 4より一歩進んだ日常会話を学びましょう。

※本文中の記号で、⌣ はリエゾン、⌢ はアンシェヌマンを表します（26ページ参照）

カフェに行きましょうか？

基本文型 ・・・・・・・・・・・・・・・・・・・・・・・・・・ 音声

| カフェに | 行きましょうか | ？ |

On va **au café** **?**

オン　ヴァ　　　オ　カフェ

一緒に映画に行きましょうか？

On va au cinéma ensemble ?

オン　ヴァ　オ　スィネマ　　　アンサンブル

さあ、行きましょうか？

On y va ?

オ　ニ　ヴァ

On〜？「〜しましょうか？」

　不定代名詞 on は常に主語として用いられ、後ろにくる動詞は三人称単数（il、elle）と同じ活用形になります。on は便利な主語で、よく使われます。特に nous「私たち」の代わりに用いられる場合は、誘う時などの表現になります。

●〜しようか？

On fait 〜 ?

オン　　フェ

●〜に入りましょうか？

On entre 〜 ?

オン　ナントゥル

●〜に乗りましょうか？

On prend 〜 ?※

オン　　　プラン

※「〜を飲みましょうか？」「〜を食べましょうか？」の意味でも用います。

試着できますか？

基本文型

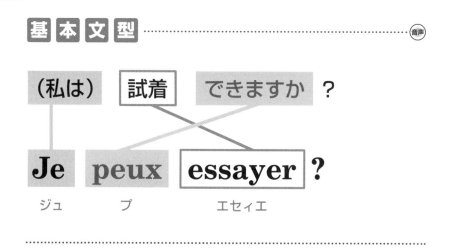

（私は）	試着	できますか ？
Je	peux	essayer ?
ジュ	プ	エセィエ

（私は）見ることできますか？

Je peux regarder ?

ジュ　　　プ　　　　ルギャルデ

（あなたは）今日来られますか？

Vous pouvez venir aujourd'hui ?

ヴ　　　　プヴェ　　　ヴニール　　　　オジュルドゥイ

動詞pouvoir「〜できる」 音声

　動詞pouvoirは、不規則動詞のひとつです。英語のcanと同じ役割をし、助動詞として用いられるので、pouvoir＋動詞の原形で使います。基本的には「〜できる」という意味ですが、そこから転じて許可を求めたり、依頼したりすることもできます。

● 〜できますか？

pouvoir ＋ 動詞の原形 ?
プーヴォワール

pouvoir（〜できる）の活用			
je peux ジュ　ブ	私はできる	**nous pouvons** ヌ　　　プヴォン	私たちはできる
tu peux テュ　ブ	君はできる	**vous pouvez** ヴ　　　プヴェ	あなた（たち）はできる
il peut イル　ブ	彼はできる	**ils peuvent** イル　　　プーヴ	彼らはできる
elle peut エル　　ブ	彼女はできる	**elles peuvent** エル　　　プーヴ	彼女らはできる

Partie

5

使ってみたい！　基本表現②

LEÇON 26 動詞 prendre

朝食を食べますか？

基本文型

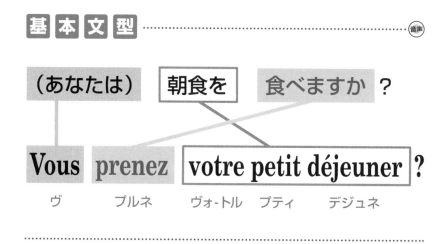

（あなたは） 朝食を 食べますか ？

Vous prenez votre petit déjeuner ?

ヴ　　　プルネ　　　ヴォ-トル　プティ　　デジュネ

（あなたは）この電車に乗りますか？

Vous prenez ce train ?

ヴ　　　プルネ　　　ス　　トラン

（あなたは）この靴を買いますか？

Vous prenez ces chaussures ?

ヴ　　　プルネ　　　セ　　　ショスュール

118

動詞prendre「取る」など 音声

動詞prendre(ブランドゥル)は、英語のtakeに似ている不規則動詞のひとつです。「取る」のほか「食べる」「飲む」「乗る」など、いろいろな表現に使える便利な動詞です。

prendre（取る）の活用

je prends ジュ ブラン	私は取る	nous prenons ヌ ブルノン	私たちは取る
tu prends テュ ブラン	君は取る	vous prenez ヴ ブルネ	あなた（たち）は取る
il prend イル ブラン	彼は取る	ils prennent イル ブレンヌ	彼らは取る
elle prend エル ブラン	彼女は取る	elles prennent エル ブレンヌ	彼女らは取る

●日本語を参考にして（　　）に適切な動詞の活用形を入れましょう。

1 ポールは今日泳げます。〈動詞：pouvoir〉

Paul （　　　　） nager aujourd'hui.

2 タクシーに乗りましょうか？〈動詞：prendre〉

On （　　　　） un taxi ?

3 クレジットカードで払えますか？〈動詞：pouvoir〉

Je （　　　） payer par carte de crédit ?

4 1杯飲みましょうか？〈動詞：prendre〉

On （　　　　） un verre ?

1 Paul (peut) nager aujourd'hui. ➡ LEÇON 25
ポール　　ブ　　　　ナジェ　　　　　オジュルドゥイ

不規則動詞 pouvoir + 動詞の原形で「～することができる」という可能性を表
ブーヴォワール
します。nager は「泳ぐ」の意味の動詞です。
ナジェ

2 On (prend) un taxi ? ➡ LEÇON 24, 26
オン　　ブラン　　　アン　タクシー

提案する時に使う不定代名詞 on の後ろにくる動詞の活用形は、il の場合と同じ
オン　　　　　　　　　　　　　　　　　　　　　　　イル
で prend が入ります。また、不規則動詞 prendre は、「取る」の意味ですが「乗
ブラン　　　　　　　　　　　　　　　　ブランドゥル
る」の意味でも使います。

3 Je (peux) payer par carte de crédit ? ➡ LEÇON 25
ジュ　　ブ　　　ペィエ　　パール　カルトゥ　ドゥ　クレディ

1 と同じ不規則動詞 pouvoir を使った、可能かどうかをたずねる表現です。
ブーヴォワール
payer は「支払う」の意味の動詞、par は「～によって」の意味の前置詞です。
ペィエ　　　　　　　　　　　　　　　　　パール

4 On (prend) un verre ? ➡ LEÇON 24, 26
オン　　ブラン　　　アン　ヴェール

提案する時に使う不定代名詞の on の後ろにくる動詞の活用形は、il の場合と同
オン　　　　　　　　　　　　　　　　　　イル
じです。また、不規則動詞 prendre は「飲む」の意味でも使います。un verre は、
ブランドゥル　　　　　　　　　　　　　　アン　ヴェール
「グラス 1 杯」の意味が転じて、「お酒」の意味になります。

Partie

5

使ってみたい！ 基本表現②

誘われた時に使えるフレーズ集

OKの場合

■ 週末、ヴェルサイユに行きませんか？

On va visiter Versailles ce week-end ?

オン　ヴァ　ヴィズィテ　　ヴェルサイユ　　ス　　ウィーケンドゥ

▶喜んで！

Avec plaisir ! ／ Volontiers !

アヴェック　　プレズィール　　　　　　ヴォロンティエ

▶いいじゃないですか！

Pourquoi pas ?

プルクワ　　　　パ

▶賛成です！

D'accord.

ダコール

▶それはいい考えですね。

C'est une bonne idée.

セ　　　テュヌ　　　　　　ボニデ

▶楽しみです。

Ça me fait plaisir.

サ　　ム　　フェ　　プレズィール

■ 明日お時間ありますか？

Vous avez le temps demain ?

ヴ　　　ザヴェ　　　ル　　　タン　　　　　　ドゥマン

▶ ごめんなさい。時間がないです。

Désolé(e). Je n'ai pas le temps.

デゾレ　　　　　　ジュ　ネ　　パ　　ル　　　タン

▶ ごめんなさい。忙しいです。

Désolé(e). Je suis occupé(e).

デゾレ　　　　　　ジュ　スュイ　　　オキュペ

▶ ごめんなさい。だめです。

Désolé(e). Je ne peux pas.

デゾレ　　　　　　ジュ　ヌ　　プ　　　パ

▶ 時間がないので。

Parce que je n'ai pas le temps.

パルス　　　ク　ジュ　ネ　　パ　　ル　　　タン

> フランスでは、誘いを断る
> 時はたいてい理由を説明し
> て答えます。

これは何ですか？

基本文型

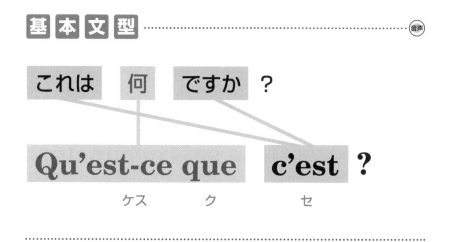

これは	何	ですか ？

Qu'est-ce que **c'est** ?

ケス　　　　ク　　　　　セ

これはニコラの本です。

C'est le livre de Nicolas.

セ　　ル　　リーヴル　ドゥ　　ニコラ

何しようか？

Qu'est-ce qu'on fait ?

ケス　　　　コン　　　フェ

疑問代名詞que「何^ク」

疑問代名詞que (qu') は「何」という意味で、ものをたずねる時に使います。Qu'est-ce que c'est ? で「これ（あれ、それ）は何ですか？」となります。よく使うフレーズで、発音もかんたんなので、丸ごと覚えてしまいましょう。

また、この疑問文に対しては、LEÇON 14（P.83）で学習したC'est〜（これは〜です）を使って答えます。

 ## Qu'est-ce que〜？を使った別の表現 🔊

Qu'est-ce que c'est ? 以外にも、Qu'est-ce que (qu') 〜？を使う表現があります。Qu'est-ce que (qu') を文頭に付けると、「何を（が）〜？」という疑問文になります。

●何があるのですか？（どうしたのですか？）

Qu'est-ce qu'ʼ il y a ＊ ？

ケス　　　キリヤ　　　　　　　＊ il y a（〜がいる、〜がある）

●何を持っているのですか？（どうしたのですか？）

Qu'est-ce que vous avez ＊ ？

ケス　　ク　　ヴ　ザヴェ　　＊ vous avez（あなたは持つ）

あの人は誰ですか？

基本文型 ································· 音声

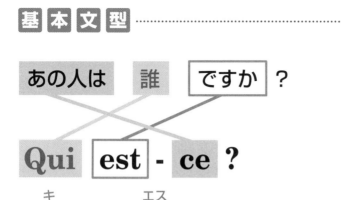

| あの人は | 誰 | ですか | ？ |

Qui est - ce ？
キ　　　　　　エス

あの人はルグランさんです。

C'est Monsieur Legrand.
セ　　　　　　ムッスィュ　　　　　ルグラン

※女性の場合は、Madame または Mademoiselle（未婚女性）を名前の前に付
けます。
マダム　　　　　　　　　　　マドゥモワゼル

（そこにいるのは）誰ですか？

Qui est là ?
キ　　エ　　ラ

疑問代名詞 qui 「誰?」 音声

疑問代名詞 qui は、誰なのかをたずねる時に用います。

また、この疑問文に対しても、LEÇON 14（P.83）で学習した
C'est〜（こちらは〜です）を使って答えます。

●この男性は誰ですか?

Qui est ce monsieur ?
キ　エ　ス　　ムッスィュ

 ## 疑問代名詞 qui を使った電話の対応　音声

電話などで「どなたですか?」とたずねる場合でも、疑問代名詞
qui を使います。

●どちら様ですか?

Qui est à l'appareil ?
キ　エ　タ　　ラパレィュ

▶（私は）クロエです。

C'est Chloé à l'appareil.
セ　　クロエ　ア　　ラパレィュ

いつ出発しますか？

基本文型 音声

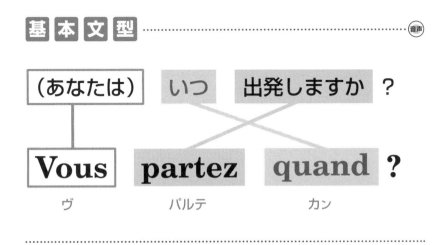

（あなたは）	いつ	出発しますか ？

Vous **partez** **quand** ?

ヴ　　　　　　パルテ　　　　　　カン

（私は）明日、出発します。

Je pars demain.

ジュ　　パール　　ドゥマン

夏休みはいつ終わりますか？

Les vacances d'été finissent quand ?

レ　　ヴァカンス　　デテ　　フィニス　　カン

疑問副詞 quand「いつ？」
_{カン}

　いつ〜するのかを知りたい時には、疑問副詞 quand「いつ？」を
_{カン}
使います。まず主語を置き、次に動詞、そして quand という順で表
_{カン}
します。

● …はいつ〜しますか？

主語 + 動詞 + quand ?

　　　　　　　　　　　　　　カン

 ## 「何時に〜しますか？」のたずね方

　「何時に〜しますか？」とたずねる時は、上記の「主語＋動詞＋
quand ?」の quand を à quelle heure に変えます。
_{カン}　　　　　　　_{カン}　　　　　_ア　_{ケルール}

● この映画は何時に始まりますか？

Ce film commence à quelle heure ?

　ス　フィルム　　コマンス　　　ア　　　ケルール

● 朝食は何時に食べますか？

Vous prenez le petit déjeuner à quelle heure ?

　ヴ　　プルネ　ル　プティ　　デジュネ　　ア　　　ケルール

郵便局はどこですか？

基本文型

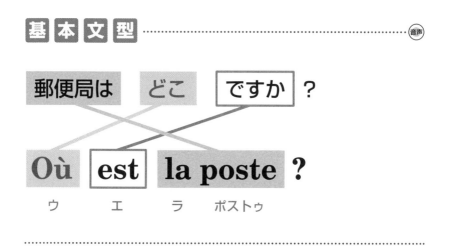

郵便局は　　どこ　　ですか　？

Où **est** **la poste** ？
　ウ　　エ　　ラ　　ポストゥ

銀行の前です。
C'est devant la banque.
　セ　　　ドゥヴァン　　ラ　　　バンク

トイレはどこですか？
Où sont les toilettes ?
　ウ　　ソン　　レ　　トワレットゥ

疑問副詞 où「どこ？」

　どこにあるかをたずねる時は、疑問副詞 où「どこ？」を使います
（P.61）。où を文頭に置き、次に動詞 être、そして主語という順で表
します。

●～はどこですか？

Où + être + 主語（場所）?
ウ　　　　　エートル

 ## 場所を表す前置詞②

　場所を答える時には、devant「～の前に」のような場所の位置を
示す前置詞を使います。

〈場所を表す前置詞②〉

～の前に	**devant** ドゥヴァン	～の後ろに	**derrière** デリエール
～から近くに	**près de (d')** プレ　ドゥ	～から遠くに	**loin de (d')** ロワン　ドゥ
～の右に	**à droite de (d')** ア ドロワットゥ ドゥ	～の左に	**à gauche de (d')** ア　　ゴーシュ　　ドゥ
～の隣に	**à côté de (d')** ア　コテ　ドゥ	～に沿って	**le long de (d') ～** ル　ロン　ドゥ

おさらい問題 ⑪

●日本語を参考にして（　　）に適切な疑問代名詞または疑問副詞を下の語群から選んで入れましょう。

> quand（カン） ・ qui（キ） ・ où（ウ） ・ qu'est-ce que（ケ ス ク）

1 あちらのご婦人は誰ですか？

（　　　　）est cette dame（エ セットゥ ダム） ?

2 銀行はどこですか？

（　　　　）est la banque（エ ラ バンク） ?

3 それは何ですか？

（　　　　　　　　）c'est（セ） ?

4 冬休みはいつ始まりますか？

Les vacances（レ ヴァカンス） d'hiver（ディヴェール） commencent（コマンス）（　　　　）?

解答・解説

❶ （ Qui ） est cette dame ? ➡ LEÇON 28

その人物が誰なのかをたずねる時には、疑問代名詞qui「誰」を使います。

❷ （ Où ） est la banque ? ➡ LEÇON 30

場所をたずねる時には、疑問副詞où「どこ」を使います。Où + être + 主語
（場所）？で「～はどこですか？」と表せます。

❸ （ Qu'est-ce que ） c'est ? ➡ LEÇON 27

その物が何なのかをたずねる時には、Qu'est-ce que (qu') ～ ? を使います。

❹ Les vacances d'hiver commencent （ quand ） ?

➡ LEÇON 29

quandは「いつ？」の意味の疑問副詞です。主語＋動詞＋quand ? で「…は
いつ～しますか？」と表します。

●次の問いに対して、イラストを見て（　　）に適切な語を入れましょう。

Qu'est-ce que c'est ?
（ケス ク セ）

1

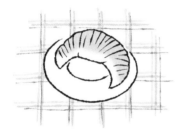

C'est (　　) (　　　　) .
（セ）

2

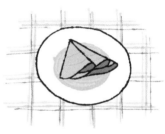

C'est (　　) (　　) .
（セ）

3

C'est (　　) (　　) .
（セ）

4

C'est (　　) (　　　) .
（セ）

Qu'est-ce que c'est ?　「これは何ですか？」　➡ LEÇON 27

この質問文に対しては、C'est ～.「これは～です。」で答えます。

❶ **C'est（ un ）（ croissant ）.**　「これはクロワッサンです。」

croissant「クロワッサン」は男性名詞なので、不定冠詞のunを付けます。

❷ **C'est（ une ）（ crêpe ）.**　「これはクレープです。」

crêpe「クレープ」は女性名詞なので、不定冠詞のuneを付けます。

❸ **C'est（ une ）（ moto ）.**　「これはオートバイです。」

moto「オートバイ」は女性名詞なので、不定冠詞のuneを付けます。

❹ **C'est（ la ）（ tour Eiffel ）.**　「これはエッフェル塔です。」

tour Eiffel「エッフェル塔」は、女性名詞です。ただし、特定されている名詞なので、定冠詞laを付けます。

もっと大きいものは
ありますか？

もっと	大きいものは	ありますか ？

Vous avez plus grand ?

ヴ　　ザヴェ　　　　プリュ　　　　グラン

はい。ここにあります。

Oui. Voilà.

ウィ　　　　ヴォワラ

※ない場合は、Non. Désolé(e).「いいえ。(ごめんなさい。)」と言います。
ノン　デゾレ

もっと安いものはありますか？

Vous avez moins cher ?

ヴ　　ザヴェ　　　　モワン　　　シェール

比較の表現 🔊

比較を表すには、plus＋形容詞または副詞で「より多く〜」、moins
＋形容詞または副詞で「より少なく〜」となります。

〈優等比較〉

●ルイはレオより背が高いです。

Louis est plus ⎡grand⎤ que Léo.
ルイ　　エ　プリュ　グラン　　ク　レオ

〈劣等比較〉

●レオはルイより背が低いです。

Léo est moins ⎡grand⎤ que Louis.
レオ　エ　モワン　　グラン　　ク　　ルイ

 程度の表現

形容詞の前に程度を表す副詞を付けることで、程度の違いを表すこ
とができます。

●少し〜　　　　　　　●とても〜　　　　　　●〜すぎる

un peu　　＜　　　très　　＜　　　trop
アン　ブ　　　　　　　　トレ　　　　　　　　　トロ

C'est un peu grand.　　C'est très grand.　　C'est trop grand.
セ　アン　ブ　グラン　　　セ　トレ　グラン　　　セ　トロ　グラン

LEÇON 32 命令の表現、依頼の表現 音声49

ちょっと待ってください。

基本文型 .... 音声

| ちょっと | 待ってください | 。 |

Attendez **un peu** .
アタンデ　　　　アン　　プ

左に曲がってください。
Tournez à gauche.
トゥ-ルネ　　ア　　ゴーシュ

お入りください。
Entrez, s'il vous plaît.
アントレ　　スィル　　ヴ　　プレ

命令の表現

vous「あなたは」で始まる文から主語である vous を除くと、相手に対する命令の表現になります。

Vous allez tout droit.　　「あなたはまっすぐ行く。」
ヴ　ザレ　　トゥ-　ドロワ

⬇ 主語 vous を除く

Allez tout droit.　　「まっすぐ行ってください。」
アレ　　トゥ-　ドロワ

 s'il vous plaît を使った依頼の表現

語句の後ろに s'il vous plaît を付けると「お願いの表現」になることは LECON 13（P.81）で学習しました。s'il vous plaît は、他の人に対してソフトに注意を喚起する場合や場所をたずねる場合にも用います。

●注意してください。

Attention, s'il vous plaît.
アタンスィヨン　スィル　　ヴ　　プレ

●郵便局はどこですか？

La poste, s'il vous plaît.
ラ　ポストゥ スィル　　ヴ　　プレ

おさらい問題 ⑬

●日本語を参考にして（　　　）の語句を正しい順に並べかえましょう。
文頭は大文字に直しましょう。

1 もっと安いものはありますか？

（ moins ／ avez ／ cher ／ vous ）？

2 もっと小さいものはありますか？

（ petit ／ avez ／ vous ／ plus ）？

3 左に曲がってください。

（ à ／ tournez ／ gauche ）．

4 郵便局はどこですか？

（ s'il ／ la ／ plaît ／ poste ／ , ／ vous ）．

1 Vous avez moins cher ?　→ LEÇON 31

<ruby>Vous<rt>ヴ</rt></ruby> <ruby>avez<rt>ザヴェ</rt></ruby> <ruby>moins<rt>モワン</rt></ruby> <ruby>cher<rt>シェール</rt></ruby>

　比較の表現では plus と moins を使います。形容詞 cher「（値段が）高い」の前に moins を付けると劣等比較の表現になります。「もっと高くない」、つまり「もっと安い」の意味になります。

2 Vous avez plus petit ?　→ LEÇON 31

　1 と同様に比較の表現です。「小さい」という意味の形容詞 petit の前に plus を付けると優等比較の表現になり、「もっと小さい」の意味になります。

3 Tournez à gauche.　→ LEÇON 32

　vous「あなたは」で始まる文から vous を除くと、相手に対する命令の表現になります。

4 La poste, s'il vous plaît.　→ LEÇON 32

　場所のあとに s'il vous plaît を付けると、「～はどこですか？」と場所をたずねることができます。

Partie 5

使ってみたい！ 基本表現②

141

困った時に使えるフレーズ集

■ 来てください。
Venez.
ヴネ

■ 急いでください！
Dépêchez-vous !
デペシェ　　　　ヴ-

■ ダメです！（禁止です！）
C'est interdit !
セ　　　　タンテルディ

■ 気をつけて！（危ない！）
Attention !
アタンスィヨン

■ 助けてください！
Au secours !
オ　　　　スクール

> Aidez-moi !は、手伝ってほし
> エデモワ
> い時に使います。

Aidez-moi !
エデモワ

■ 警察を呼んでください。
Appelez la police, s'il vous plaît.
アプレ　　　ラ　　　ポリス　　　スィル　　　ヴ　　　プレ

> 医者の場合はun médecin、救
> アン　メドゥサン
> 急車の場合はune ambulance
> ユ　ナンビュランス
> です。

■ やめてください。

Arrêtez, s'il vous plaît.

アレテ　　　スィル　　ヴ　　　プレ

■ わかりません。

Je ne sais pas.

ジュ　ヌ　　セ　　パ

■ もう一度お願いします。

Répétez, s'il vous plaît.

レペテ　　　スィル　　ヴ　　　プレ

■ 誰か日本語を話せる人はいませんか？

Il y a quelqu'un qui parle japonais ?

イリヤ　　　ケルカン　　キ　　パルル　　ジャポネ

パリの成り立ち 〈Origine de Paris〉

パリの発祥の地は、その中心を流れるセーヌ川に浮かぶ「シテ島」です。シテ島には、紀元前３世紀頃からケルト系のパリシイ族の集落「ルテティア」がありました。ガリア戦争（紀元前１世紀）後のローマの支配を経て、その集落は、パリシイ族の名にちなんで「パリ」と呼ばれるようになりました。そうしてパリは、さまざまな歴史に流されながら、1860年に今の大きさになり、20の行政区（１区～20区）が設けられました。人口約215万人、面積約105.4km²、東京の山手線の内側とほぼ同じくらいです。

その行政区は、パリ発祥のシテ島から１区が始まって、カタツムリのような渦巻き状に連なっています。日本では、地図を手に目的地を探しても、行き先を見つけるのに苦労することが多いですが、パリの番地の付け方はとてもわかりやすくなっているのです。

5,000以上ある通りにはすべて名前が付いていて、いたるところにその表示板があり、現在地がすぐわかるようになっています。番地も規則的に配置されています。セーヌ川に平行する通りでは、その上流から下流に向かって数字が大きくなり、平行していない通りでは、セーヌ川に近いほうから遠いほうに向かって数字が大きくなります。また、数字の小さい番地から大きい番地に向かって左側は奇数、右側は偶数と決まっています。

通りの表示板は、パリの土産店でもキーホルダーやマグネットとして売られているのをよく見かけます。

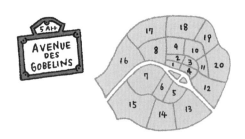

付 録

動詞活用表／単語便利帳

※活用表中の記号で、⌣ はリエゾン、⌢ はアンシェヌマンを表します（26ページ参照）

ここでは、本編に掲載された動詞はもちろん、それ以外のよく使われる動詞の活用形を紹介します。

> elle は il、elles は ils
> と活用形は同じです。

être (〜である)　⇒LEÇON 04

je suis ジュ スュイ	nous sommes ヌ　　　ソム
tu es テュ エ	vous êtes ヴ　　ゼットゥ
il est イレ	ils sont イル　ソン

avoir (持つ)　⇒LEÇON 10

j'ai ジェ	nous avons ヌ　　　ザヴォン
tu as テュ ア	vous avez ヴ　　ザヴェ
il a イラ	ils ont イル ゾン

habiter (住む)　⇒LEÇON 06

j'habite ジャビットゥ	nous habitons ヌ　　　ザビトン
tu habites テュ アビットゥ	vous habitez ヴ　　ザビテ
il habite イラビットゥ	ils habitent イル ザビットゥ

※第一群規則動詞

chanter (歌う)

je chante ジュ シャントゥ	nous chantons ヌ　　　シャントン
tu chantes テュ シャントゥ	vous chantez ヴ　　　シャンテ
il chante イル シャントゥ	ils chantent イル　　シャントゥ

※第一群規則動詞

aimer（好きである）　⇒LEÇON 16

j'aime ジェム	nous aimons ヌ　ゼモン
tu aimes テュ　エム	vous aimez ヴ　ゼメ
il aime イレム	ils aiment イル ゼム

※第一群規則動詞

finir（終わる）　⇒LEÇON 20

je finis ジュ フィニ	nous finissons ヌ　フィニソン
tu finis テュ フィニ	vous finissez ヴ　フィニセ
il finit イル フィニ	ils finissent イル　フィニス

※第二群規則動詞

pouvoir（～できる）　⇒LEÇON 25

je peux ジュ　ブ	nous pouvons ヌ　ブヴォン
tu peux テュ　ブ	vous pouvez ヴ　ブヴェ
il peut イル　ブ	ils peuvent イル　ブーヴ

prendre（取る）　⇒LEÇON 26

je prends ジュ　ブラン	nous prenons ヌ　ブルノン
tu prends テュ　ブラン	vous prenez ヴ　ブルネ
il prend イル　ブラン	ils prennent イル　ブレンヌ

vouloir（ほしい）　⇒LEÇON 17

je veux ジュ　ヴ	nous voulons ヌ　ヴロン
tu veux テュ　ヴ	vous voulez ヴ　ヴレ
il veut イル　ヴ	ils veulent イル　ヴール

aller（行く）　⇒LEÇON 19

je vais ジュ ヴェ	nous allons ヌ　ザロン
tu vas テュ ヴァ	vous allez ヴ　ザレ
il va イル ヴァ	ils vont イル ヴォン

attendre (待つ)

j'attends ジャタン	nous attendons ヌ ザタンドン
tu attends テュ アタン	vous attendez ヴ ザタンデ
il attend イラタン	ils attendent イル ザタンドゥ

venir (来る)

je viens ジュ ヴィアン	nous venons ヌ ヴノン
tu viens テュ ヴィアン	vous venez ヴ ヴネ
il vient イル ヴィアン	ils viennent イル ヴィエンヌ

faire (〜する) ⇒LEÇON 18

je fais ジュ フェ	nous faisons ヌ フゾン
tu fais テュ フェ	vous faites ヴ フェットゥ
il fait イル フェ	ils font イル フォン

partir (出発する)

je pars ジュ パール	nous partons ヌ パルトン
tu pars テュ パール	vous partez ヴ パルテ
il part イル パール	ils partent イル パルトゥ

lire (読む)

je lis ジュ リ	nous lisons ヌ リゾン
tu lis テュ リ	vous lisez ヴ リゼ
il lit イル リ	ils lisent イル リーズ

connaître (知っている)

je connais ジュ コネ	nous connaissons ヌ コネソン
tu connais テュ コネ	vous connaissez ヴ コネセ
il connaît イル コネ	ils connaissent イル コネス

savoir （知る）

je sais ジュ　セ	nous savons ヌ　　サヴォン
tu sais テュ　セ	vous savez ヴ　　サヴェ
il sait イル　セ	ils savent イル　　サーヴ

voir （見る）

je vois ジュ　ヴォワ	nous voyons ヌ　　ヴォワィヨン
tu vois テュ　ヴォワ	vous voyez ヴ　　ヴォワィエ
il voit イル　ヴォワ	ils voient イル　　ヴォワ

dire （言う）

je dis ジュ　ディ	nous disons ヌ　　ディゾン
tu dis テュ　ディ	vous dites ヴ　　ディットゥ
il dit イル　ディ	ils disent イル　　ディーズ

mettre （置く）

je mets ジュ　メ	nous mettons ヌ　　メトン
tu mets テュ　メ	vous mettez ヴ　　メテ
il met イル　メ	ils mettent イル　　メットゥ

écrire （書く）

j'écris ジェクリ	nous écrivons ヌ　　ゼクリヴォン
tu écris テュ　エクリ	vous écrivez ヴ　　ゼクリヴェ
il écrit イレクリ	ils écrivent イル　ゼクリーヴ

préférer （より好む）

je préfère ジュ　プレフェール	nous préférons ヌ　　プレフェロン
tu préfères テュ　プレフェール	vous préférez ヴ　　プレフェレ
il préfère イル　プレフェール	ils préfèrent イル　　プレフェール

※第一群規則動詞（変形）

付録 単語便利帳

本書で学んだ単語や語句のうち、日常で使われることが多いものをアルファベ順に並べました。右側の数字は、その単語や語句が掲載されているページで、色の付いているページでは動詞の活用表を掲載しています。

男：男性名詞　女：女性名詞　名：名詞　固有：固有名詞　複：複数形　動：動詞
形：形容詞　所有形：所有形容詞　副：副詞　疑：疑問詞　前：前置詞　接：接続詞

A

ア
à 　前 ～へ、～に

56,58,59,62,63,90,94,95,96,104,129,138,140,141

アージュ
âge 　男 年齢　*17,73,74,75*

エメ
aimer 　動 好きである

57,88,89,98,99,105

アルマーニュ
Allemagne 　固有 女 ドイツ　*55*

アレ
aller 　動 行く

47,61,90,94,95,98,99,114,139

アンビュランス
ambulance 　女 救急車　*142*

アミ
ami(e) 　名 友達

12,16,17,26,27,66,69

アムール
amour 　男 愛　*19*

アン
an 　男 年、歳　*72,73,74,75*

アングルテール
Angleterre 　固有 女 イギリス　*55*

アニマル
animal 　男 動物　*25*

アニメ
animé(e) 　形 生き生きとした　*18*

ウットゥ
août 　男 8月　*100*

アパレィユ
appareil 　男 電話機　*127*

アパルトゥマン
appartement 　男 マンション　*56,58*

アプレミディ
après-midi 　男 午後　*107,111*

アルカンスィエル
arc-en-ciel 　男 虹　*16*

アリヴェ
arriver 　動 到着する　*61*

アタンドル
attendre 　動 待つ　*138*

アタンスィヨン
attention 　女 注意　*139*

オジュルドゥイ
aujourd'hui 　副 今日

100,101,102,104,116,120,121

オト
auto 　女 自動車　*19*

150

D

ドゥ
de(d')　　　前 ～の、～から

54,55,59,62,63,82,83,95,131

デッサンブル
décembre　　男 12月　　　100

ドゥグレ
degré　　男 ～度　　　103

ドゥマン
demain　　副 明日　　123,128

ドゥミ
demie　　女 30分　　109,111

デリエール
derrière　　前 ～の後ろに　　131

ドゥヴァン
devant　　前 ～の前に　　130,131

ドゥヴォワール
devoir　　男 宿題、義務　　96

ディマンシュ
dimanche　　男 日曜日　　101

ドロワットゥ
droite　　女 右　　131

- -

ダコール
D'accord.　　わかりました。／ 賛成です。

36,40,41,122

ドゥ リアン
De rien.　　どういたしまして。

34,40,41

デゾレ
Désolé(e).　　ごめんなさい。　35,40,41

E

エコール
école　　女 学校　　27,67

アンプロワイエ
employé(e)　　名 会社員　　49

アン
en　　前 ～に、～へ　　101

アンファン
enfant　　名 子供　　13

アンサンブル
ensemble　　副 一緒に　　21,114

アントゥレ
entrer　　動 入る　　115,138

エスパーニュ
Espagne　　固有 女 スペイン　　55

エセィエ
essayer　　動 試す　　116

エ
et　　接 ～と、そして　31,109,111

エテ
été　　男 夏　　101,128

エートル
être　　動 ～である、～にいる

44,45,47,48,49,50,51,52,53,54,55,60,63,64,65,
66,105,106,107,126,127,130,131,132,133,137

エテュディアン(トゥ)
étudiant(e)　　名 学生　　48,49

ユーロ
euro　　男 ユーロ（EUの統合通貨単位）77

- -

アンシャンテ
Enchanté(e).　　よろしく。（はじめまして。）

31,38,39

エクスキュゼモワ
Excusez-moi.　　ごめんなさい。（すみません。）　35

F

ファック
fac　　女 大学　　61

ファン
faim　　女 空腹　　70,71,74,75

フェール
faire　　動 ～する、作る

92,93,98,99,102,103,104,108,109,115

ファミーユ
famille　　女 家族　　20

ファム
femme　　女 女の人　　12

フェヴリエ
février　　男 2月　　100

フィーユ
fille　　女 少女、娘　　13,20

フィルム
film　　男 映画　　96,105,129

L

M

バラン **parents**	男 複 両親	60,67
バルファン **parfum**	男 香水	21
バリ **Paris**	固有 男 パリ	
	24,56,58,84,94,104	
バルレ **parler**	動 話す	66,143
バルティール **partir**	動 出発する	128
ペィエ **payer**	動 支払う	120,121
ペカン **Pékin**	固有 北京	55
ペール **père**	男 父	66,69
プティ（トゥ） **petit(e)**	形 小さい	18,140,141
プティ　デジュネ **petit déjeuner**	男 朝食	118,129
フォト **photo**	女 写真	24
ピャノ **piano**	男 ピアノ	20
プルヴォワール **pleuvoir**	動 雨が降る	
	102,103,109	
プリュ **plus**	副 ～より多く	
	136,137,140,141	
ポワン **point**	男 点	22
ポワゾン **poison**	男 毒	24
ポワソン **poisson**	男 魚	24
ポリス **police**	女 警察	142
ポンプ **pompe**	女 ポンプ	22
ポストゥ **poste**	女 郵便局	
	130,139,140,141	

プーヴォワール **pouvoir**	動 ～できる	
	116,117,120,121	
プルミエ（ール） **premier(ère)**	形 一番目の、最初の	100
プランドゥル **prendre**	動 取る、乗る、食べる	
	115,118,119,120,121,129	
プレ **près**	副 近くに	131
プランタン **printemps**	男 春	101
プロフェスィヨン **profession**	女 職業	105

バルドン **Pardon.**	ごめんなさい。／ 失礼。	35

Q

カン **quand**	疑 いつ	
	61,128,129,132,133	
カール **quart**	男 15分	111
ク **que(qu')**	疑 何	
	92,124,125,132,133,134,135	
ク **que(qu')**	接 ～より	137
ケル **quel(le)**	疑 どんな、何	
	73,74,75,101,104,105,106,108,109,129	
キ **qui**	疑 誰	126,127,132,133

ケラージュ　アヴェヴー **Quel âge avez-vous ?**	何歳ですか？	
	73,74,75	

158

著者

塚越敦子　つかこし　あつこ

モンペリエ第3大学現代フランス文学研究科博士課程留学（日本政府派遣）。作新学院大学教授を経て、慶應義塾大学講師。主に近代フランス文学およびフランス語教育を専門分野としている。

聴ける！読める！書ける！話せる！

フランス語 初歩の初歩 音声DL版

著　者　塚越敦子
発行者　高橋秀雄
発行所　**株式会社 高橋書店**
　　　　〒170-6014 東京都豊島区東池袋3-1-1 サンシャイン60 14階
　　　　電話　03-5957-7103

ISBN978-4-471-11462-6　ⒸEDIPOCH　Printed in Japan

本書の内容についてのご質問は「書名、質問事項（ページ、内容）、お客様のご連絡先」を明記のうえ、郵送、FAX、ホームページお問い合わせフォームから小社へお送りください。
回答にはお時間をいただく場合がございます。また、電話によるお問い合わせ、本書の内容を超えたご質問にはお答えできませんので、ご了承ください。本書に関する正誤等の情報は、小社ホームページもご参照ください。

【内容についての問い合わせ先】
　書　面　〒170-6014 東京都豊島区東池袋3-1-1 サンシャイン60 14階　高橋書店編集部
　ＦＡＸ　03-5957-7079
　メール　小社ホームページお問い合わせフォームから　（https://www.takahashishoten.co.jp/）

【不良品についての問い合わせ先】
　ページの順序間違い・抜けなど物理的欠陥がございましたら、電話03-5957-7076へお問い合わせください。
　ただし、古書店等で購入・入手された商品の交換には一切応じられません。